O. Bertling

Zehn Fragen über die Wahrheit des christlichen Glaubens

O. Bertling

Zehn Fragen über die Wahrheit des christlichen Glaubens

ISBN/EAN: 9783743433939

Hergestellt in Europa, USA, Kanada, Australien, Japan

Cover: Foto ©Lupo / pixelio.de

Manufactured and distributed by brebook publishing software (www.brebook.com)

O. Bertling

Zehn Fragen über die Wahrheit des christlichen Glaubens

Zehn Fragen über die

Wahrheit des christlichen Glaubens

Von

Prof. Dr. Bertling

Pastor zu Badersleben

Leipzig
J. C. Hinrichs'sche Buchhandlung
1899

Dem gesegneten Andenken

des glaubensstarken und liebereichen

Wahrheitszeugen

D. A. Tholuck

gewidmet

zum 30. März 1899.

Inhalt:

Einleitung.

Der Glaube im christlichen Sinne ist nicht eine Meinung oder Vermutung, auch nicht einmal in erster Linie eine Überzeugung; er ist nach seinem innersten Wesen überhaupt nicht eine Sache des Verstandes. Christlicher Glaube ist Vertrauen und Liebe zu Gott in Jesu Christo; darum ist er nach seinem Wesen eine S a c h e d e s H e r z e n s. Weil aber alles Gemütsleben aufs innigste auch mit dem Charakter und dem Willen zusammenhängt, und weil es bei dem zum Bewußtsein erwachten Menschen immer auch mit der Verstandesthätigkeit, mit Vorstellung und Denken verbunden ist, so ist auch der christliche Glaube in der Seele eines entwickelten Menschen niemals b l o ß Gemütssache, sondern immer in Konnex mit der Willensregung und Willensrichtung, und immer auch verbunden mit gewissen Gedanken oder Vorstellungen; und zwar können das nicht etwa spielende Phantasiegebilde, wechselnde Reflexionen sein, sondern müssen dauernde feste Überzeugungen sein. Sonst wären sie ja nicht mit Vertrauen verbunden.

So bietet denn auch die christliche Glaubenslehre gewisse Anschauungen und Behauptungen dar mit dem Anspruch, daß sie „Ü b e r z e u g u n g e n" des Christen sein müssen. In zwiefacher Weise kann solcher Anspruch gemeint sein: Unpädagogisch, im Grunde unevangelisch ist es, die Zustimmung zu den Glaubenslehren von vornherein als Erstes zu verlangen; dagegen wohlbegründet ist es zu erwarten, das christ-

liche Glaubensleben werde mit gewissen Überzeugungen not=
wendig verbunden sein, deren Ablehnung dann mindestens
ein Zeichen von mangelnder Klarheit sein würde.

Diesen Überzeugungen, welche die christliche Glaubens=
lehre einschließt, wird nun aufs heftigste widersprochen,
ja bisweilen noch heftiger und leidenschaftlicher, als den eben=
falls aus dem christlichen Glauben notwendig hervorgehenden
Normen für das moralische Verhalten! Und die Heftigkeit .
des Widerspruchs, der mit dem Anspruch auf wissenschaft=
liches Erkennen auftritt und jeden andern Standpunkt als
Beschränktheit abweist, die Entschiedenheit dieser „Aufgeklärten",
sowohl im gebildeten, wie im halbgebildeten, wie im unge=
bildeten Stande, hat leider oft eine berückende Kraft, zumal
wenn auf der anderen Seite ein Mangel an intellektueller
Klarheit, an moralischem Ernst und an innerem Leben ist.

Die unbestreitbar segensreichen Wirkungen des christlichen
Glaubens auf das Leben der Menschheit läßt ja Mancher
wohl noch gelten, behauptet aber, dieselben seien zustande ge=
kommen und könnten auch weiter stattfinden ohne die Über=
zeugung von der Wirklichkeit eines Gottes und seiner Kund=
gebung in Christo; solche Überzeugung sei für das rechte Leben
gleichgültig, vielleicht sogar hinderlich, allerhöchstens sei sie
eine heilsame Illusion für geistig beschränkte Zeiten, die nun
aber von klar denkenden Menschen aufgegeben werden müßten.

Das ist die Meinung unzähliger, auch ehrenwerter Männer,
die auch den Christennamen nicht aufgeben wollen, zugleich
aber auf „Bildung" Anspruch machen. Ihre Feindschaft
gegen die christliche Glaubenslehre beruht zum großen
Teil auf Mißverständnis und Unkenntnis: Sie kennen
nicht das Glaubensleben als eine geistige Realität aus Er=
fahrung und denken fälschlich, die ihnen unverständlichen Lehren
sollten das Christentum selber sein. Unter dem verborgenen
Einfluß solcher Anschauungsweise wachsen heutzutage viele
Jünglinge auf, auch solche, die das Studium der Theologie
ergreifen wollen oder schon ergriffen haben.

Es ist ein naturgemäßer Trieb des aufwachsenden Men=

schengeistes, klar sehen, klar erkennen zu wollen, sich nicht zu beruhigen bei dem Hergebrachten, bei dem Überlieferten, sondern selbst zu forschen und zu prüfen. Der aus Wahrheits= sinn hervorgehende Zweifel an dem Überlieferten, der sich namentlich bei eifrigen und ernsten jungen Leuten findet, ist nicht verwerflich, sondern etwas Gutes. Wenn sich aber ein jugendlicher Geist in einer Lebensperiode, in welcher er schon von selbst zum Zweifel neigt, rückhaltlos der Zweifelsströmung hingiebt, ja sogar der so selbstbewußt und siegesgewiß auf tretenden Negation von vornherein alles glaubt, was gegen die christliche Glaubenslehre vorgebracht wird, statt auch der Negation gegenüber sich kritisch zu verhalten, und die prak= tische Lebensprobe auf die Wahrheit des christlichen Glaubens zu machen: dann ist seine gesunde Entwicklung aufs höchste gefährdet. Es hat wohl eine Berechtigung, wenn ein nach Wahrheit verlangender junger Mensch die in dem christlichen Glauben eingeschlossenen und von allen gläubigen Christen jederzeit gehegten Anschauungen (worin er vielleicht auch selber aufgewachsen war) doch nicht eher als richtig und sicher an erkennen mag, bevor er sie nicht in die ganze Welt seiner Anschauungen widerspruchslos eingegliedert hat; das aber hat keine Berechtigung, wenn ein junger Mensch sich einbildet, seine bisher eingesogene, unter den „Gebildeten" allgemein verbreitete „Weltanschauung" sei nun auch schon die allein richtige Weltanschauung, und was dazu nicht paßt sei eben falsch, und darum seien auch die Lehren des christlichen Glaubens, ja der ganze Christenglaube „ein überwundener Standpunkt".

Wer mit dem christlichen Glauben als mit einem „über= wundenen Standpunkte" definitiv fertig ist, wer nicht das Verlangen nach einer tieferen Erkenntnis fühlt, und ebenso auch wer die Regungen seines Wahrheitstriebes aus geheimer Scheu vor den notwendigen moralischen Konsequenzen unter drückt — dem ist durch eine theoretische Erörterung nicht weiter zu helfen, für den bleiben die Überzeugungen des christlichen Glaubens ein überwundener Standpunkt   falls

1*

ihn nicht etwa Lebenserfahrungen, äußere oder innere, doch
wieder darauf zurückführen.

Anders liegt die Sache bei denen, welche zwar die christ=
liche Glaubenslehre noch nicht oder nicht mehr als ihre „Über=
zeugung" bezeichnen können, denen sie aber wichtige Probleme
der Erkenntnis darstellt, worüber zur Klarheit und zur Ge=
wißheit zu kommen sie ein brennendes Verlangen tragen —
nicht eingeschüchtert durch die anmaßenden Reden der „Fer
tigen" zur Linken wie zur Rechten, nicht gehindert durch die
Scheu des natürlichen Menschen vor einer Schärfung der
sittlichen Grundsätze und vor dem Ernstmachen mit dem
religiösen, d. h. auf Gott gerichteten Leben. Solchen ernst=
gesinnten, Wahrheit suchenden Zweiflern kann aller=
dings auch durch theoretische Erörterungen weiter=
geholfen werden.

Die Weltanschauung des christlichen Glaubens, für die
kindlich Gläubigen eine in sich geschlossene Gesamtüberzeugung,
für den aufrichtigen Zweifler ein großes zusammenhängendes
Problem, umfaßt nun eine Reihe verschiedener Einzelprobleme,
die aber eng zusammengehören, wenngleich ihre Wichtigkeit und
Dringlichkeit von den Einzelnen verschieden geschätzt wird. —
Darum sollen auch die Einzelprobleme hier nicht nach einer
Schätzung ihrer Wichtigkeit, sondern unter Rücksicht auf ihren
innerlichen Zusammenhang geordnet behandelt werden.

1. Giebt es wirklich eine Welt des Geistes?

Bekanntlich ist unter den vielen philosophischen Systemen auch einmal die sonderbare Lehre aufgetaucht, daß die ganze körperliche Welt nur Vorstellung oder Idee des denkenden Geistes, also nur ein Schein sei. Dieser „Idealismus" ist uns jetzt eine so wunderliche Behauptung, daß man zweifeln möchte, ob sein Autor, Berkeley, selbst wirklich davon überzeugt und ob sein alltägliches Denken und Leben von solcher Überzeugung beherrscht gewesen sei. Er hat auch wenig Anhänger gefunden; und energisch protestiert u. A. der in seinem ganzen Denken und Forschen anders gerichtete Kant gegen das Mißverständnis, als ob sein Kritizismus mit jenem Idealismus zusammenstimme; auch alle Kantianer und Neu= Kantianer lehnen solche idealistische Mißdeutung ihres Stand= punktes ab. – An der Wirklichkeit der Körperwelt kann und will Niemand zweifeln, auch diejenigen nicht, die durch die Kantische Kritik zu der Erkenntnis ge= kommen sind, daß die körperlichen Dinge „an sich" nicht so sind, wie sie dem wahrnehmenden und denkenden Menschen er= scheinen und daß wir Menschen die Welt niemals anders wahrnehmen und erkennen können, als in der durch die mensch= lichen Wahrnehmungs- und Denk-Formen bedingten Erschei= nung, weil eben niemals losgelöst von der Beziehung auf das wahrnehmende und erkennende Subjekt. Wer den „sub jektiven Charakter" unseres ganzen Weltbildes erkennt und anerkennt, will damit keineswegs die Wirklichkeit der Körper= welt in Abrede stellen.

Hingegen die Wirklichkeit einer geistigen Welt wird heut zu Tage vielfach in Abrede gestellt. Zwar geschieht das meistens nicht von philosophisch nachdenkenden,

sondern mehr von oberflächlich urteilenden Menschen; und
weil es oft mit absprechender Entschiedenheit und mit dem
Anspruch auf vorurteilsfreie Aufklärung geschieht, darum ist es
denn auch nachdenkenden Menschen ernstlich zweifelhaft ge
worden, ob es eine wirkliche Geisteswelt gebe. Und doch
würden gar Viele, die so entschieden auftreten, kaum im
stande sein, irgend einen stichhaltigen, ja auch nur logisch
klaren Grund für ihre Behauptung anzugeben. Es ist bei
ihnen mehr eine Sache der Neigung, nämlich der Abneigung,
im eigenen Leben auf eine geistige Welt Rücksicht zu nehmen.
Nun, überall wo es heißt: „stat pro ratione voluntas", ist
eine Beweisführung mit rationellen Gründen aussichtslos.

Doch giebt es neben der bloß moralischen, oder vielmehr
unmoralischen Neigung auch einen intellektuellen Beweg=
grund zur Leugnung einer geistigen Wirklichkeit.

Der denkende Menschengeist strebt danach, die Welt als
ein einheitliches Ganze zu verstehen. Nicht aus der Erfahrung, nicht als Resultat unendlicher Einzelforschung, sondern
unmittelbar haben wir die Gewißheit, daß die Welt einen
einheitlichen Zusammenhang hat, räumlich, zeitlich
und kausal.*) Demgemäß strebt der Menschengeist danach,
alle Einzeldinge in der Welt trotz all ihrer Verschiedenheit
doch als gleichartig nach ihrem innersten Wesen zu erkennen. Alle
körperlichen Dinge, klein oder groß, haben nun bei aller Ver=
schiedenheit ihrer Eigenschaften (d. i. Verschiedenheit ihres
Verhaltens anderm gegenüber) doch ausnahmslos miteinander
gemein: die Gegenständlichkeit oder Raumerfüllung ver=
bunden mit der Schwere oder Anziehungskraft. Diese beiden
immer zusammengehörigen Eigenschaften, Gegenständlichkeit und
Schwere bezeugen das gleichartige Wesen der ganzen Körper
welt, und beides ist ausgeschlossen von dem Geistigen.

Hat man sich nun in die Anschauung und Überzeugung
hineingewöhnt, daß Gegenständlichkeit und Schwerkraft zur

---

*) Auf die erkenntnistheoretische Erörterung, woher wir solche
Gewißheit haben, ist hier nicht näher einzugehen.

des Gehirns und seiner Leitungsdrähte und noch vieles andere
Körperliche ist ja als Werkzeug zu jeder geistigen Thätigkeit,
zu jedem vernünftigen Gedanken und Gespräche, zu jedem be=
wußten Willensakte, zu jedem planvollen Unternehmen unent=
behrlich. Daß aber eine planvolle, vernünftige, geistige Thätig=
keit nur das zufällige Ergebnis von lauter ungeistigen, plan=
losen, rein körperlichen Prozessen wäre, das kann bei klarer,
unbefangener Überlegung Niemand ernstlich denken. Das
hieße ja: entweder jedem einzelnen Stoffteilchen diejenige
geistige Intention und Thätigkeit zuschreiben, die man eben
durch Leugnung des Geistes wegdisputieren möchte, und noch
dazu allen dabei in Aktion tretenden Stoffteilchen eine wunder=
bare Harmonie ihrer Intention zuschreiben! Und das wäre wahr=
haftig noch wunderbarer, als wenn in der Sage leblose Steine
sich zum Bau zusammenfügen, veranlaßt doch wenigstens durch
den harmonischen Klang der Lyra. — Ein Phantasiegebilde,
eine Caprice, aber zu toll für eine ernstgemeinte Welterklärung!

Oder es hieße: Wirkungen herleiten aus nicht zureichenden
Ursachen. Gerade das Geistige an einer Thätigkeit, sei es
eine einfache Empfindung oder Äußerung von Schmerz oder
Lust, sei es eine Gedankenreihe oder ihre Kundgebung, sei es
eine Regung oder Bethätigung des Hasses oder der Liebe:
gerade das Geistige, das Charakteristische im Verhalten des
„Mensch" genannten Körperwesens ist spezifisch verschieden
von allen Atomfunktionen und wird von keinem chemischen
oder allgemein physikalischen Prozesse auch nur von ferne
gestreift oder gar dargestellt, kann also auch nimmermehr das
Ergebnis von rein körperlichen Prozessen sein. Da nun aber
für alles wirkliche Geschehen auch eine „zureichende Ursache"
zu statuieren ist — „ex nihilo nil fit" sagt der für seine ato=
mistische Welterklärung so begeisterte alte Lucrez mit größtem
Nachdruck und mit vollem Rechte*) —, so muß auch für die
thatsächlich vorhandene geistige Thätigkeit eine Ursache statu

---

*) Die erkenntnistheoretische Herleitung dieses unumstößlichen
logischen Satzes lassen wir hier bei Seite.

iert werden, und zwar eine zureichende Ursache; und da die
rein körperlichen Funktionen dafür nicht zureichen, von ferne
nicht heranreichen an die Eigenart geistiger Thätigkeit, so ergiebt sich, daß der schöne gepriesene „Monismus" atomistischer
Welterklärung eben doch nicht ausreicht; und wer nicht in
seiner Theorie befangen und blind geworden ist, wem die
Thatsachen samt der Logik noch mehr gelten als Vorurteil
und Gewohnheit, der muß diesen Monismus aufgeben
und muß außer den Atomen und Atomkräften auch die
Wirksamkeit und Wirklichkeit einer andersartigen Kraft, die
die Geistesthätigkeiten verursacht, anerkennen, d. h. eine Kraft
geistiger Art anerkennen*)!

Sind wir uns nun über den Irrtum der materialistischen
Welterklärung klar geworden und sehen uns ebenso berechtigt
wie genötigt, den Menschengeist als ein eigenartiges wirkliches Wesen anzuerkennen, und schicken wir uns nun an,
aus dieser Thatsache noch weitere Schlüsse auf die Wirklichkeit einer Geisteswelt zu ziehen, so wird uns sonderbarer
Weise von einer ganz anderen Seite her das Recht zu
solcher Schlußfolgerung bestritten. Bekanntlich ist Kant
bei seinem großartigen Versuche, die menschliche Erkenntnis

*) Wer dies eingesehen hat, dem zeigt sich das Unzulängliche
des atomistischen Monismus auch schon an jedem lebendigen Wesen.
Denn das spezifische Verhalten der lebenden Wesen läßt sich in Wahrheit
aus dem bloßen Spiel der Atomkräfte nicht erklären. Die Summa der
Funktionen der Stoffkräfte ergiebt nicht etwa das Leben, sondern, wie
J. von Liebig treffend sagt: die Verwesung. — Organische Funktionen
geschehen nur da, wo die Atomkräfte von einer organischen Kraft, oder
„Lebenskraft" beherrscht und in ihrer Wirkungsweise reguliert und modifiziert werden. Diese beherrschende organische Kraft hat zwar das mit
den Stoffkräften gemein, daß auch sie eine an sich unsichtbare, aber in
körperlichen Funktionen sich bethätigende Kraft ist; eine fundamentale
Verschiedenheit aber zwischen beiden, die auch eine Gleichsetzung oder
Vertauschung ausschließt, besteht darin, daß die Atomkräfte immer
an ihre Stoffteilchen gebunden sind und bleiben, die Lebenskraft
aber gerade Stoffwechsel verlangt und bewirkt. — Ausführlicher ist
das Verhältnis der Lebenskraft zu den Atomkräften behandelt im 12.
und 13. Kap. meiner „Philosophischen Briefe". Bonn 1876.

der Wirklichkeit auf sichern Boden zu stellen, der menschlichen
Forschung durch Untersuchung ihrer Mittel oder Werkzeuge
klare, bestimmte Grenzen zu bezeichnen, zu dem Resultat ge=
kommen: Gegenstand des menschlichen Erkennens kann nur
das sein, was uns durch die Wahrnehmung dargeboten ist;
und weil nun alle menschliche Wahrnehmung in den Formen
der räumlichen und der zeitlichen Anschauung geschieht,
also auch keinen andern Inhalt als räumliche und zeitliche
Erscheinungen haben kann, so ist auch nur Räumliches
und Zeitliches Gegenstand unserer Erkenntnis. Alles
andere, was man etwa zum Gegenstande des Nachdenkens
machen könnte, würde eitel Träumerei werden. Über nicht
wahrnehmbare Dinge kann man auch nichts wissen. Nur auf
die Welt der wahrnehmbaren Dinge oder „Phänomena",
nicht aber auf das, was etwa hinter oder jenseits der Erscheinungen gedacht wird (was er „Noumenon" nennt), dürfen
wir unser Denken mit seinen eigentümlichen Gesetzen anwenden. —
Da er nun zu den menschlichen Denkformen auch die Begriffe
„Dasein", „Nichtsein", „Kausalität" zählt, so ist es nach Kant
unzulässig, von einem oder von dem Noumenon auch nur zu
behaupten, daß es sei oder daß es nicht sei, oder daß es
eine Wirkung ausübe. Am Noumenon hört eben alles
richtige und berechtigte Denken auf (wie ein Weg aufhört an
der Verbotstafel). Natürlich ist es darum auch ganz unzu=
lässig, in dem Noumenon etwa die Ursache der Erscheinungen
oder gar der Erscheinungswelt zu statuieren, oder dasselbe
irgendwie mit dem Begriffe „Schöpfer" oder „Gott" zu
identifizieren.*) Vielmehr müßte man, wenn Kants Behaup=
tungen richtig wären, den Gottesbegriff aller seiner Fülle
von Realität gänzlich entkleiden, ja ihn selber einfach auf=
geben; dann würde er mit unter den des Noumenon
gehören. — Trotzdem ist gerade dieser Kantische Kritizismus
manchem ehrlichen bekümmerten Zweifler ein Trost und eine

---

*) Nur das Negative haben die Begriffe Gott und Noumenon
gemeinsam, daß sie beide alle sinnliche Wahrnehmbarkeit ausschließen.

Zuflucht geworden, indem er so reflektierte: kann über das
Unwahrnehmbare gar und ganz nichts gewußt und ausgesagt
werden, so kann mir auch das Dasein Gottes nie und nimmer
bestritten werden, und mein Glaube an Ihn ist über alle An
fechtung erhaben. Das ist eine Zuflucht, aber doch nur ein
Notbehelf. Denn wo die ganze Welt des Glaubens völlig
außerhalb jeglicher Erfahrung bleibt, ist eine freudige und
sichere Glaubensüberzeugung nicht möglich.

Nun führt uns aber Kant selbst über diesen Standpunkt
hinaus. Ich meine hier nicht seine Behauptung von den
„Postulaten der praktischen Vernunft", daß der Mensch als
ein moralisches Wesen sich genötigt sehe, damit er sitt
lich handeln könne, überzeugt zu sein von dem Dasein eines
Gottes, von der Unsterblichkeit und von seiner eigenen
Freiheit.*) Vielmehr ist es die gewissermaßen inkonsequente,
aber zugleich gesunde und höchst beachtenswerte Erweiterung
des Gebietes der Phänomena, die er damit eintreten läßt,
daß er die menschliche Seele, das wahrnehmende und er
kennende Subjekt selbst, als „Phänomenon" anerkennt, wiewohl
die Seele doch niemals räumlich wahrgenommen wird und
kein körperliches Wesen ist. Es genügt ihm, daß sie sich selbst
„zeitlich" „durch den innern Sinn" wahrnehme. Somit
gehört also nicht notwendig zum Phänomenon, daß es „durch
den äußern Sinn" als etwas Räumliches wahrgenommen
werde. — So hat denn auch nach Kants Kritizismus die
menschliche wahrnehmende und erkennende Seele Realität
und gehört mit zu den Dingen, auf welche unser Denken mit
all seinen Kategorien, auch der der Kausalität anwendbar
ist. — Natürlich sagt er das nicht bloß von seiner eigenen
Seele aus, sondern von allen. Durch Rede und Handlung

---

*) Thatsächlich ist ihm selber nämlich nur die Freiheit ein unent=
behrliches Postulat zur Sittlichkeit; die beiden andern stellt er selber ge=
legentlich doch wieder als vielleicht entbehrlich hin; und sein kleiner Auf=
satz „vom Gebet" läßt es deutlich genug erkennen, daß ihm der Gottes=
glaube nicht bloß entbehrlich, sondern sogar verkehrt erschien. Vergl.
S. 32 meiner Abhandlung über die Erkennbarkeit Gottes. Leipzig 1886.

bethätigt sich jede Menschenseele auch der andern als eine
Realität. Es ist uns freilich keine unmittelbare Wahrnehmung
der fremden Seele möglich, wohl aber fällt die Thätigkeit,
das „kausale" Verhalten derselben in das Bereich unserer Erfahrung; und mit Notwendigkeit, mit zwingender Gewißheit —
ja auch mit Genehmigung des großen Kritikers selbst — verfolgen wir den Verlauf der wahrnehmbar gewordenen Kausalität zurück in das Unwahrnehmbare und erkennen die Wirklichkeit eines unkörperlichen Agens in unsern Mitmenschen an.
Und wie wir ein aktives Verhalten der fremden Seele bemerken, so entspricht es auch unserer Erfahrung, daß jede
Menschenseele auch Einwirkungen von außen erleidet, also
innerhalb des großen Kausalzusammenhanges der
ganzen Erscheinungswelt steht.

Es wird also auch nach Kants Kritik zugestanden, daß
es unkörperliche, geistige Realitäten giebt und daß
ein wirklicher Kausalzusammenhang unter Umständen
auch in das Unwahrnehmbare hineinreichen kann. — Leider
hat Kant es versäumt, dies ausdrücklich und allgemein auszusprechen, und leider haben manche seiner Anhänger diese
Versäumnis des Meisters noch verhängnisvoller dadurch gemacht, daß sie nun jede auf das Unwahrnehmbare oder Geistige
gerichtete philosophische Forschung für schlechtweg unberechtigt
erklärten, statt in jedem einzelnen Falle zu prüfen, unerbittlich
streng zu prüfen, ob denn auch wirklich ein Kausalzusammenhang von dem erfahrungsmäßig Wahrgenommenen zu den
etwa statuierten unwahrnehmbaren Realitäten hinführt, und
zwar mit Notwendigkeit hinführt. — Gewiß ist die Forschung
auf dem Gebiete des Unwahrnehmbaren oder Übersinnlichen
gar sehr der Gefahr des Irrtums ausgesetzt, mehr noch als
auf dem Gebiete der sichtbaren Dinge, wo doch die Annahmen
des Denkens leichter durch den Zusammenhang der Erscheinungen, unter Umständen auch durch das Experiment kon-
trolliert und korrigiert werden können. Aber soll darum das
Weltmeer nicht befahren werden, weil die Seefahrt mehr Gefahr des Verirrens hat als die Küsten- oder Stromfahrt?!

Kompaß und Gestirne geben dem kundigen und aufmerksamen Seefahrer immerhin genügende Auskunft, obgleich das Auge keine Zeichen und keine Ziele des Weges sieht! So kann auch der Kompaß des logischen Gewissens und die Gestirne der Welt- und Denkgesetze den besonnenen und ernsten Forscher richtig leiten auf einem Gebiete, wo dem Auge kein sichtbarer Anhalt gegeben ist. — Freilich bedarf es zu solcher Fahrt eines sehr scharfen Auges und einer festen Ruhe, die auch durch keine eigenen Wünsche gestört, durch keine liebgewordenen Phantasien beirrt wird. —

Es wird uns also durch die Erkenntnis der Kausalität der Blick auf ein unsichtbares Gebiet, auf ein Gebiet von Kräften eröffnet. Die Kräfte sind verschiedener Art: Stoff- kräfte, organische Kräfte, geistige Kräfte; und zwar sind sie nicht isoliert von einander. Ihre wahrnehmbaren Wirkungen bezeugen es, daß sie in einem thatsächlichen Zusammenhange stehen. Es ist nicht bloß eine Menge von Kräften, sondern eine „Welt" von Kräften.

Indem wir also die aufgeworfene Frage: „Giebt es eine Welt des Unsichtbaren?" ganz bestimmt mit „Ja" beantworten müssen, so verbietet uns zugleich dieselbe Er= kenntnis der Kausalität, in den platonischen Irrtum zu ver= fallen und diese unsichtbare Welt der Kräfte (wie es dort betreffs der „Ideen" geschieht) losgelöst von dieser wahr- nehmbaren Welt zu denken, als eine Welt, die über oder jenseits oder fern von dieser Körperwelt existierte. Vielmehr ist die Welt der Kräfte gerade in dieser wahrnehmbaren körper- lichen Welt wirksam und daher auch wirklich. Aber nimmer- mehr dürfen wir um dieser Immanenz willen die Realität des Unsichtbaren übersehen oder sie im Namen der kritischen Philosophie als etwas Ungewisses hinstellen lassen.

Dies Ergebnis ist für sich allein noch keineswegs eine christliche Position! Und doch ist es von großer Bedeutung für die Erkenntnis der christlichen Wahrheit, daß uns die Welt der unsichtbaren Kräfte als wirklich und als nicht schlechthin unerkennbar feststehe.

2. Giebt es wirklich einen persönlichen Gott?

Wir sehen ab von der leichtfertigen Gottesleugnung bei Gebildeten und Ungebildeten, welche keinen andern Grund hat als die innere Abneigung gegen den Gottesglauben, als die gottentfremdete Sinnesrichtung. Auch jene mit Beifall aufgenommene Scheinbegründung des Atheismus aus dem Munde eines Naturforschers: „Ich habe das ganze Weltall durchforscht, aber nirgends einen Gott gefunden" — ist im Grunde nur ein frivoles, nichtssagendes Wort. Denn daß Gott nicht durch Teleskope und nicht durch Mikroskope gesehen wird, versteht sich von selber und ebenso auch, daß ein Mensch, der die Spuren des göttlichen Waltens nicht beachtet und gar keine Gedanken dafür hat, auch im ganzen Weltall nichts von einem Gotte merken wird. Darum ist auch diese vornehm und großartig klingende Motivierung des Atheismus in Wahrheit nichts anderes als Phrase.

Wichtiger aber ist der von dem alten Epikur bis auf unsere Zeit immer wieder unternommene ernstliche Versuch, nachzuweisen, daß alle Vorgänge in der Natur sich ohne die Annahme eines göttlichen, d. i. geistigen Wesens erklären lassen. Das ist in der That eine gar ernst zu nehmende Frage! Und es ist zu bedauern, daß auch gelehrte Theologen, die in ihrem Fache Hervorragendes leisten, diese Frage nicht bloß selbst ganz bei Seite liegen lassen, sondern auch durch ausgesprochene Verachtung und Verwerfung aller Apologetik den religionsfeindlichen Bestrebungen einer anspruchsvollen atheistischen Wissenschaft sogar noch Vorschub leisten. Es ist

ja wahr, daß manche — auch von vielgenannten Männern
betriebene — Apologetik in wichtigen Punkten verkehrt und
ihre Deduktionen nicht stichhaltig gewesen: aber darum ist die
Sache doch längst noch nicht zu Gunsten der atheistischen
Weltauffassung entschieden!

Man pflegt jetzt häufig die apologetischen Erörterungen,
insbesondere jede kosmologische Apologetik abzulehnen mit der
Begründung, daß wir mit unserm Denken und Erkennen auch
bei der allerweitesten Verfolgung der Kausalitätslinien doch niemals aus dem Weltzusammenhange
hinauskommen, also auch niemals die Gottheit mit
unserm Denken erreichen könnten.   Dies Räsonnement
erscheint auf den ersten Blick einfach und einleuchtend, und doch
ist ein Fehler darin, und der hängt zusammen mit einer unrichtigen, nämlich einseitigen und unvollständigen Erkenntnis der Kausalität. — Es ist sonderbar, aber wahr,
daß dieser allerwichtigste Begriff in der ganzen Philosophie,
der das fundamentalste Weltgesetz ausdrücken soll, noch in
keinem der bekannten alten oder neuen Systeme vollständig
aufgefaßt und richtig ausgebeutet worden ist.   Darum ist es
unumgänglich notwendig, das für alle Welterkenntnis und
auch für die religiöse Erkenntnis so wichtige Kausalitätsgesetz
hier von neuem zu erörtern und darüber wirklich klar zu
werden.

Die Kausalität ist überall in der wirklichen Welt eine
dreifache. Meistens wird nur die zeitlich fortschreitende
Kausalität beachtet und schlechtweg „Kausalität" genannt, die
beiden andern Kausalitätsreihen, welche immer mit der zeitlichen verbunden sind, bleiben meistens unbeachtet und werden
nur bisweilen unvermerkt und ununterschieden mit in Betracht
gezogen, wodurch dann auch nur Unklarheit und Verwirrung
entsteht. — In Wahrheit ist es so, daß durch jeden Punkt
der Wirklichkeit drei verschiedenartige Kausalitätsreihen gehen
und alle drei zusammen erst die volle Wirklichkeit konstituieren:
gerade so wie durch jeden Punkt des Raumes drei Linien
oder „Koordinaten" gehen, die man nennen kann: Längen-

dimension, Breitendimension, Höhen oder Tiefen=
dimension. Wer eine dieser Koordinaten wegließe, würde
kein richtiges und vollständiges Anschauungsbild und Ver=
ständnis von dem Raume haben, es würde ihm alle Stereo
metrie auf eine Planimetrie reduziert sein; und noch unvoll
kommener wäre die Raumesanschauung und Erkenntnis dessen,
der überhaupt nur eine einzige Dimension, die Linie, in ihrer
Vereinzelung beachtete. So hat auch derjenige nur ein recht
unvollkommenes Verständnis von der Wirklichkeit, wer nur
Eine Kausalitätslinie beachtet und untersucht.

Beginnen wir mit der allbekannten, so zu sagen augen=
fälligsten Art der Kausalität, der zeitlich fortschreitenden.
Jede Veränderung der Dinge in der Welt um uns her (und
auch unseres inneren Zustandes und Thuns), jeder Vorgang
in der lebenden wie in der leblosen Natur bringt uns dieselbe
zum Bewußtsein und nötigt uns zu der Erkenntnis, daß die
Situation oder Thätigkeit eines Wesens in einem bestimmten
Augenblick die zeitlich folgende Wirkung des Verhaltens
im vorhergehenden Zeitabschnitt ist. Und auch da, wo eine
Veränderung nicht zu bemerken ist, bedarf es keines großen
Nachdenkens, sondern wird leicht erkannt, daß der jeweilige
Zustand sich aus dem — gleicherscheinenden oder gleich=
bleibenden — vorhergehenden Zustande herschreibt.

Dabei ist aber zweitens zu beachten, daß kein Wesen ein
völlig isoliertes ist, sondern jedes — körperliche wie un=
körperliche — Wirkliche in einem Kausalzusammenhange
mit anderen Wesen, mit seiner Außenwelt steht. In
der ganzen Körperwelt wirkt die alles umfassende Anziehungs=
kraft.*) In jedem Körperlichen wirken Adhäsions= und Kohä=
sionskräfte mancherlei Art; auch Repulsion und Spannung.
Jedes Körperliche hat in jedem Augenblicke irgend eine gewisse
Temperatur und diese ist einerseits beeinflußt von der näheren
oder auch ferneren Umgebung und übt andererseits auch wieder

---

*) Man mag sie erklären wie man will oder auch als unerklärliche
Thatsache einfach hinnehmen.

Wirkung auf das andere aus. Diese kurzen Hinweisungen werden wohl genügen, uns den mannigfachen, ja im Grunde unendlich vielfältigen Kausalkonnex, Wirkungszusammenhang als eine thatsächliche Eigentümlichkeit alles Wirklichen ins Bewußtsein zu rufen. Und wie jedes Körperliche eine gewisse Größe, eine gewisse Masse hat, die in sich selber (in ihren kleinen und kleinsten Teilen) und mit der gesamten Außenwelt in kausalem Zusammenhang ist, so ist auch jede Kraft, jede Seele, ja jede Seelenregung, jede Empfindung, Vorstellung, Bestrebung nichts punktuell Einfaches und Isoliertes, sondern hat immer eine gewisse Größe, Stärke, Fülle und innerlichen Zusammenhang.

Das ist die zweite Art, die verbindende Kausalität. Sie macht die Dinge erst zu einer „Welt"; und diese kausal zusammenhängende Welt hat nun in allen ihren Teilen eben auch jene zeitlich fortschreitende Kausalität. Beide Kausalitäten, die verbindende und die zeitliche, gehören immer zusammen, sind immer zusammen: aber sie sind nicht identisch.

Kämen nun bloß diese beiden Kausalitätsarten, die zeitliche und die verbindende, in Betracht, dann müßte man anerkennen, daß unsere Erkenntnis im Verfolgen der Kausalitätslinien des Wirklichen niemals aus dem, was wir „Welt" nennen, d. h. aus dem Komplex der unter sich verbundenen, zeitlich existierenden Einzelwesen, hinaus kommen könnte! Es ist aber für die Wirklichkeit dieser vor uns liegenden, sich uns bezeugenden Welt auch noch eine dritte Kausalität unentbehrlich und thatsächlich vorhanden. Das ist die Dasein= wirkende Kausalität. Alles Wirkliche hat seine zureichende Ursache. Jede Wirkung entspringt einer verursachenden Kraft, oder, wie vorhin betrachtet ist, einer Kooperation von Kräften. Daß ein Wesen — mit seiner ganzen Eigentümlichkeit, seinem ganzen Kausalverhalten — zeitlicher und verknüpfender Art — überhaupt existiert, das erfordert eine gewisse Energie. Energie ist ein Kausalverhalten. Wir können diese dritte Art

Bertling, Glaube.　　　　　　　　　　　　2

von Kausalität nennen: Dasein wirkende oder „schöpfe-
rische"*) Kausalität. Die ganze zeitliche und zu einem
kausalen Ganzen zusammengehörige Welt muß eine ihre Existenz begründende Ursache von unendlicher Tiefe haben. —
Das ist ja ein der Theologie nicht fremder Begriff, aber hier
ist er zunächst nur aus der allgemeinen Kausalerfahrung und
dem Kausalbewußtsein gewonnen.

Man wird einwenden, daß solche Kausalerfahrung
nicht vorliege. In der That nicht als Anschauung oder
Erfahrung von einem längeren oder gar unendlichen Verlaufe. Aber einer vielumfassenden oder gar allumfassenden
Erfahrung bedarf es zur Erkenntnis dieser Kausalität ebensowenig, wie zur Erkenntnis der zeitlich unendlichen Kausalität,
die uns ja allen absolut feststeht, obgleich wir nur von einem
kleinen Ausschnitt derselben an einem kleinen Teil des Uni-
versums Erfahrung haben. Wo das Bildungsgesetz einer
Reihe erfahren, erfaßt und erkannt ist, da ist uns auch durch
den gegebenen Abschnitt die ganze Reihe bis ins Unendliche
gegeben und festgestellt. So ist es mit der Zahlenreihe, die
wir nicht erst bis ins Unendliche durchzählen und ausprobieren
müssen, um ihre Unendlichkeit und alle darin beschlossen liegenden Verhältnisse zu erkennen. So ist es mit der mathe-
matischen Linie, deren Unendlichkeit uns unumstößlich ist, auch
ohne unendlich weit gehende Erfahrung oder Anschauung.
Thatsächlich ist uns ein Stück der zeitlichen und ein Stück
der verbindenden Kausalität gegeben; und weil wir beide in
uns selber erleben, in unserm Seelenleben unmittelbar
daran teilhaben, weil wir in beiden Beziehungen selber
kausale Wesen sind, darum haben wir auch ein Verständnis
für diese Kausalitäten; weil wir das Kausalverhalten als eine
Wesensnotwendigkeit des Wirklichen in uns erleben, darum
statuieren wir diese Kausalitäten überall, d. h. auch da, wo
unsere Erfahrung nicht hingekommen ist.

---

*) Mit dieser Benennung soll hier noch nicht etwa ein religiöser
Begriff verbunden sein.

So ist uns nun auch von der dritten Kausalität, der schöpferischen, zwar nur ein Stück, nur ein kleiner Abschnitt in der eigenen Erfahrung gegeben: aber das ist auch genug, um uns derselben überhaupt bewußt zu werden, um ein Gefühl und bei klarem Nachdenken ein Bewußtsein, eine Erkenntnis davon zu haben. — Und welches ist das in der Erfahrung gegebene Stück der schöpferischen Kausalität? Das ist die Thätigkeit unseres Denkens! die Produktion unserer eigenen Gedanken, auch unserer Willensentschlüsse. Dieselben entstehen ja keineswegs aus einem Nichts, sondern aus unserem eigenen (geistigen) Wesen, welches eine eigene innere Kausalität hat. Diese eigene Geistesthätigkeit und innere Erfahrung befähigt uns überhaupt zu dem Gedanken und zu der Erkenntnis einer schöpferischen Energie, einer Dasein= wirkenden Kausalität*).

Es giebt wohl noch heute im „Zeitalter der allgemeinen Bildung" Menschen, denen die dreifache Dimension des Raumes nie klar zum Bewußtsein gekommen ist. Es liegen ja alle drei Dimensionen in jedem körperlichen Gegenstande, in jedem räumlichen Gebilde sichtbar vor unseren Augen. Aber die unterscheidende Zusammenfassung derselben ist doch erst ein Akt der bewußten Erkenntnis, der zu der einfach kindlichen Raumesanschauung erst noch hinzugetreten ist. So sind auch die drei Kausalitätsdimensionen in ihrer Unterschiedenheit und

---

*) Es sei hier schon vorläufig darauf hingewiesen, daß diese dritte Kausalität, als die Verwirklichung oder Entfaltung einer immanenten Energie, auch den nach dem einseitigen Prin= zip der mechanischwirkenden Kausalität so scharf abgewiesenen und zum Verständnis der thatsächlichen Wirklichkeit des organischen und des geistigen Lebens dennoch unentbehrlichen Begriff der Zweckthätig= keit — bewußter und unbewußter „Zielstrebigkeit" — in sich ein= schließt, so daß man also nicht berechtigt ist, wie es meistens geschieht, Kausalität und Teleologie als zwei sich gegenseitig ausschließende Welt= prinzipien anzusehen und die letztere wegen der Unabweislichkeit der ersteren einfach zu verwerfen. Eine Weltbetrachtung, welche die Tele= ologie verneint, wird der Wirklichkeit nicht gerecht. Die Erkenntnis der dreifachen Kausalität giebt die einfache Lösung der Schwierigkeit.

2*

Zusammengehörigkeit wohl vielen Menschen noch niemals klar zum Bewußtsein gekommen; es bedarf dazu eben auch eines Erkenntnisaktes, einer ausdrücklichen unterscheidenden Zusammen= fassung. Wer dieselbe einmal vollzogen hat, dem ist die damit gewonnene Anschauung und Erkenntnis des Kausalitätsgefüges der Wirklichkeit ebenso selbstverständlich und unverlierbar, wie die Anschauung und Erkenntnis des dreifach dimensionierten Raumes dem, der sie einmal in sich aufgenommen hat.

Diese Erörterung über die Kausalität erschien hier unum= gänglich. Denn es ist von höchster Bedeutung für alle philo= sophische, insbesondere kosmologische Apologetik, daß jener ein= leuchtende Satz: „Durch Verfolgung der Kausalitätslinien kommen wir nie über die Welt hinaus zu einem überweltlichen Wesen" auch richtig verstanden werde, und ihm ja nicht etwa infolge einer ungenauen Fassung des Begriffes „Kau= salität" eine absolute Geltung beigemessen werde, die er eben nicht hat.

Es ist wahr, wenn wir in der wirklichen Welt die Linien der zeitlichen Kausalität rückwärts verfolgen, so bleiben wir immer innerhalb der zeitlichen Welt. Wir können wohl von jedem Weltzustande ins Ungemessene weiter, konstruierend oder auch phantasierend, auf einen vorhergehenden Weltzustand zu rückgreifen; aber wo auch immer unser Denken weilt, ist ein zeitlicher Weltzustand. Auf einen Punkt vor aller Zeit kommen wir auf der zeitlichen Kausalitätslinie nie. Ebenso können wir, mit Phantasie oder Konstruktion, den Kausalkonnex ins Ungemessene verfolgen, können eine schier unendliche Welt (wenn's beliebt auch mit körperlicher und räumlicher Unendlich= keit) jedenfalls mit einer unendlich reichhaltigen netzartigen Verknüpfung des Wirklichen unter sich statuieren; aber niemals kommen wir auf diesem Wege aus dem Konnex der Einzel= wesen heraus, so daß wir sagen dürften: hier ist ein Alles umschließender Kreis göttlicher Kausalität, gesondert und ge= schieden von der Welt der Einzeldinge.

Aber mit der dritten Kausalität, der schöpferischen oder der Daseinsbegründung verhält es sich anders. Frei=

lich ist auch durch den Regreß auf den Linien dieser Kausalität selbstverständlich nie ein Wesen zu erreichen, welches losgelöst wäre von der Welt der Erscheinungen. Danach steht aber auch keines vernünftigen Menschen Sinn. Einen deistischen Gottesbegriff können und wollen wir gar nicht erreichen. Wohl aber führt uns die dritte Kausalität aus dieser vor uns entfalteten, unserer Wahrnehmung sich bezeugenden Welt hinaus in eine Wirklichkeit, die mit ihrer verborgenen Energie den wahrnehmbaren Weltdingen Existenz giebt. Das ist eine Wirklichkeit, die wir nach dem herkömmlichen Begriff und Sprachgebrauch nicht mehr „Welt" nennen können.

Ob aber diese Welt=erschaffende Wirklichkeit, diese Daseins= ursache aller Dinge das ist, was wir unter „Gott" verstehen, ist hiermit noch nicht entschieden. — So viel zwar ist schon aus dem hier dargelegten, objektiv gegebenen Kausalgefüge sicher:

1., daß die verborgene Welt=schaffende Wirklichkeit einen innerlichen Zusammenhang in sich, eine innerliche Einheit= lichkeit haben muß: sonst könnte auch die entfaltete Welt der Einzeldinge nicht den thatsächlich vorhandenen Kausalzusammen= hang haben.

2., daß sie eine unendliche Energie, eine unendliche Schöpferkraft haben muß, weil sie ja in sich selbst einen unendlichen Prozeß der Seinsbegründung hat. Denn so wenig die Zeit, oder eine mathematische gerade Linie da erst anfängt, oder da aufhört, wo man zufällig oder willkürlich ihren Anfang oder ihr Ende bezeichnet, ebensowenig beginnt der Prozeß der Seinsbegründung erst da, wo wir ihn beachten, beim Eintritt in die sinnlich wahrnehmbare Welt.*)

3. Diese verborgene Energie ist nicht bloß in irgend einem Zeitabschnitt, sondern für den ganzen zeitlich dauernden Verlauf der Erscheinungswelt als Welturſache vorhanden; sie ist zeitlich ebenso unbegrenzt, wie die zeitliche Kausalreihe, d. h. „ewig".

---

*) Daß uns die Anschauung davon fehlt, und die Vorstellungs= kraft dafür ausgeht, ist kein Hindernis für den thatsächlichen regressus und progressus in infinitum.

Diese drei Wesensbestimmungen: die Einheitlichkeit, die unendlich tief entspringende Kraft und die Ewigkeit, so wichtig und notwendig sie für den Gottesbegriff sind, statuieren allein denselben doch noch nicht. Ja auch wenn wir, ähnlich wie die alten Stoiker es gethan, wegen der Thatsache eines Lebens in der Welt die Energie des Ganzen als eine Leben= schaffende Energie anerkennen, so ist damit der Gottesbegriff doch noch nicht erreicht, sondern im Grunde nur eine pan= theistisch gedachte Weltkraft.

Wir aber fragen nach einem persönlichen Gotte. Auch der pantheistisch gesinnte Philosoph und Naturbetrachter er= kennt eine einheitliche Naturordnung an, auch eine einheitliche und Leben wirkende Kraft darin, als den Quell und Komplex aller einzelnen Naturkräfte, und weil die „Zielstrebigkeit"*) in der organischen Welt nicht zu leugnen ist, vindiziert er folgerichtig auch jener einheitlichen Weltkraft eine Zielstrebigkeit, d. h. „zweckmäßiges Wirken, aber nur ein unbewußtes.**)

So nahe es nun auch dem menschlichen Denken liegt, überall wo wir eine Ordnung merken, auch einen bewußten Plan anzunehmen, so wird diese Annahme doch von kritischen Geistern durchaus bestritten, und zwar hauptsächlich durch den einleuchtenden Hinweis darauf, daß thatsächlich auch in der organischen Welt, im Pflanzenleben wie im animalischen Leben viel Zweckmäßiges geschieht, wovon die betreffenden Wesen gar nichts wissen. So könne also auch von der zentralen Naturkraft viel Zweckmäßiges gewirkt werden, ohne daß diese selbst irgend einen Plan, irgend ein Bewußtsein habe. Mit andern Worten: es sei wohl möglich, daß nur eine unbewußte, so zu sagen schlummernde Intelligenz in der Welt wirksam sei. — Dagegen ließe sich an sich nichts einwenden, wenn es sich nur

---

*) Diese Bezeichnung, die E. v. Baer statt Zweckthätigkeit gebraucht hat, ist sehr passend und läßt den umstrittenen Begriff einer bewußten Absicht zunächst noch beiseite.

**) Bekanntlich hat E. v. Hartmann sein Weltprinzip darum auch ge= radezu das „Unbewußte" genannt.

um das Leben oder um Lebensthätigkeiten unbewußter Wesen
handelte, obgleich sich wohl kaum jemand, der irgendwo eine
ihm bisher unbekannte kunstvolle Maschine fände, überreden
ließe, daß dieselbe rein zufällig, ohne vorbedachten Plan,
nur aus dem Spiel mechanischer Naturkräfte entstanden sei;
und doch ist ein lebendiger Organismus mindestens so kunst
voll und zweckmäßig aufgebaut, wie die kunstreichste Maschine
nur sein kann.

Die Frage, ob denn überhaupt planmäßiges Hinstreben
nach einem Ziele ohne irgend einen bewußten gedankenmäßigen
Plan, sei es des ausführenden Subjektes, sei es eines dahinter
verborgenen Agens, möglich ist oder nicht; mit anderen Worten,
ob eine latente, schlummernde Intelligenz schon Jahrtausende
vor dem ersten Aufwachen und Bewußtwerden wirksam und
wirklich vorhanden sein konnte, oder ob ein bewußter Plan,
eine bewußte Intelligenz in jener unendlichen, schaffenden
Energie sein und gewesen sein müsse: diese Frage läßt sich so
in abstracto gar nicht entscheiden. Aber diese Frage braucht
auch gar nicht isoliert entschieden zu werden, weil neben der
Thatsache planmäßiger Wirkungen in unbewußten Einzeldingen
auch die Thatsache bewußt wirkender Intelligenz von
Einzelwesen steht: Die ganze bewußte Geistesthätigkeit
der Menschen ist ja ebenso eine Thatsache der Wirklichkeit,
wie das Spiel der Naturkräfte, und dieser Umstand ist es,
der uns mit logischer Notwendigkeit zwingt, jener Alles
tausierenden Energie auch die Fähigkeit zuzuschreiben,
Akte des Bewußtseins hervorzubringen.

Die kunstreichste Maschine, die durch bewußte, planvolle
Intelligenz zugerichtet arbeitet, ist doch niemals imstande,
aus sich selbst einen bewußten Gedanken, ein bewußtes Gefühl,
oder klaren Willensakt zu erzeugen. Selbst die tönenden
Worte eines Phonographen, selbst die durch Klaviaturmecha
nismus einer Setzerei und Druckerei hervorgebrachten plan=
mäßigen Buchstabenreihen haben an sich selber noch kein Be
wußtsein, und wirken auch kein Bewußtsein, wo nicht andere
(organische und geistige) Faktoren es bewirken oder schon be

wirkt haben. So kann auch weder der ganze, kunstvolle, plan=
mäßige Makrokosmus, noch der Mikrokosmus eines mensch=
lichen, physischen und psychischen Organismus allein durch
eine in ihm waltende latente Intelligenz irgend einen Akt von
Bewußtsein erzeugen; vielmehr muß dabei ein geistiger
Faktor, eine auf bewußtes Leben hinzielende Energie
im Spiele sein; und dies „im Spiele sein" heißt eben die
organischen Funktionen beherrschen, dirigieren, zum be=
wußten Leben oder Geistesleben hintreiben. Mit
anderen Worten: das thatsächlich vorhandene geistige, bewußte
Leben der (menschlichen) Einzelwesen hat seine Ursache in
einem geistigen, bewußten Wirken der Alles schaffenden Energie.

Eine gleichsam schlafende Weltseele, etwa wie die in den
Pflanzen wirkende organische Energie, würde als Weltprinzip
ausreichen, wenn kein animalisches und kein menschliches Leben
in Betracht käme.

Es ist also nicht etwa allein die Existenz der Orga=
nismen, die Existenz planmäßiger Organe für geistige Thätigkeit, sondern einerseits die Organismen bildende Lebensthätig-
keit, anderseits die geistigen Funktionen dieser Organismen
selbst, um derentwillen wir der Alles schaffenden Energie ein
bewußtes geistiges Streben zuschreiben müssen. Bewußtes
geistiges Streben ist aber immer persönliches Leben.

Wir dürfen die Bezeichnung „Leben" für dieses geistige,
bewußte, persönliche Wirken der Welt begründenden und
=belebenden Energie wohl brauchen, wenngleich damit nicht
der Begriff eines körperlichen Organismus, auch nicht der des
Stoffwechsels verbunden ist, also nicht ein physisches Leben
gemeint ist.

Wir haben hier nur so im allgemeinen von dem
menschlichen Geistesleben gesprochen, welches als Thatsache
der wirklichen Welt auf eine geistige Ursache zurückgeführt
werden muß. Noch einleuchtender und verständlicher wird
diese allgemeine Wahrheit, sobald wir das menschliche Geistes=
leben nach seinem Inhalte betrachten. Es handelt sich ja
nicht bloß um das bewußte Gefühl von Lust oder Unlust,

nicht bloß um das bewußte Auffassen und Überdenken von
irgend welchen Dingen oder Verhältnissen, nicht bloß um
ein mit Überlegung und Auswahl verbundenes Begehren oder
Wollen gleichgültiger Objekte, sondern — mit einem Worte
gesagt — der Menschengeist ist ein zu moralischem Verhalten geschaffenes und innerlich getriebenes Wesen.

Hier stoßen wir auf das (unnötigerweise mit vielen
tendenziösen Verdunkelungen belastete) Problem von der histo-
rischen Entstehung der Moralbegriffe; doch können wir in
diesem Zusammenhange daran vorübergehen: denn selbst wenn
es wahr wäre, daß die Moralbegriffe und -gefühle dem
Menschengeschlechte so allmählich aus dem Gemeinschaftsleben
beim Kampf ums Dasein sich ergeben und befestigt und immer
weiter ausgebildet hätten, so könnte der geschichtlich natürliche
Verlauf der Sache doch die logische Forderung nicht beseitigen
oder abschwächen, daß die Moral im letzten Sinne als ein
Ergebnis oder ein Werk der Alles kausierenden
Energie begriffen werden muß. Welches aber auch die
geschichtliche Entwicklung der Moralbegriffe und -gefühle
in der Menschheit wie im Individuum sein mag: immer stellt
die Moral eine Norm des Verhaltens auf, welche mit
dem einfachen Naturtriebe nicht identisch ist; immer
vindiziert die Moral einem gewissen Thun oder Verhalten
einen Wert oder einen Vorzug, der mit dem natürlichen Vorteil nicht kongruiert; immer bringt die Moral zu dem Begriff
des Nützlichen einen anderen, den sie höher stellt, den des
Guten. Trotz aller Verschiedenheit der moralischen Anschauungen, trotz aller Verirrungen und Verdunkelungen des moralischen Bewußtseins, trotz aller Schwäche und Lückenhaftigkeit
des moralischen Gefühls: das ist doch ein gemeinsamer
Grundzug aller Moral, daß unter ihrem Einflusse das menschliche Verhalten, statt einfach der natürlichen Selbstliebe, dem
Selbsterhaltungstriebe zu entsprechen, in irgend einer Weise,
in irgend einem Sinne Selbstbeschränkung, Selbstlosigkeit zeigt,
und zwar verbunden mit Rücksicht auf Andere. Also darauf-
hin drängt oder treibt diejenige Wirksamkeit des schaffenden

Urgrundes, welche in dem Menschengeiste — auf irgend einem
Wege — moralisches Bewußtsein und moralisches Verhalten
erzeugt. Das ist aber ein geistiges Ziel; das erfordert auch
eine geistige Wirksamkeit, und die kann nicht von einer
bloß mechanischen, vegetativen oder animalischen Kraft aus
geübt sein, sondern nur von einer geistigen, bewußten, persön
lichen Energie.

Damit ist nun in der That durch Verfolgung der Kau=
salitätslinien das konstitutive Moment des Gottesbegriffes,
die Persönlichkeit erreicht.

Angesichts dieses Ergebnisses aus der Betrachtung der
in der Wirklichkeit uns gegebenen dreifachen Kausalität scheint
es angebracht, noch einmal ausdrücklich daran zu erinnern,
daß gerade diejenige Kausalität, welche uns aus der
zeitlichen und wahrnehmbaren Welt der Einzeldinge hingeführt
hat zu einer unendlich tiefen, einheitlichen, ewigen und persön=
lichen Welturfache, in der empirischen Weltbetrachtung und in
der landläufigen Naturphilosophie nicht mit berücksichtigt zu
werden pflegt, und daß zur Erfassung dieser (dritten) Kausa
lität eben auch ein tiefer gehendes Bewußtsein als zur
gewöhnlichen Weltbetrachtung gehört. Das freilich hat diese
Erkenntnis mit aller Welterkenntnis gemein, daß auch sie eine
Kausalitätserkenntnis ist. Anderes Erkennen giebt es über=
haupt nicht. Nicht bloß vollzieht sich in allem Erkennen
selber eine Thätigkeit, also eine Kausalität — nämlich zeitlich
und verknüpfend und hervorbringend —, sondern auch der
Anlaß dazu, das sich darbietende Objekt übt immer irgend
eine Wirkung auf das erkennende Subjekt aus, verhält sich
also immer kausal. Aber darin ist das Erkennen oder Inne=
werden der dritten Kausalität von dem Welterkennen
verschieden, daß in diesem Akte die menschliche Seele nicht
auf die zeitlichen Einzelwesen gerichtet und von ihnen affiziert
ist, sondern sich des Zusammenhanges mit der ewigen unend=
lichen persönlichen Energie bewußt wird und deren Einwirkung

merkt: oder chriſtlich ausgedrückt: daß ſie darin auf Gott
gerichtet und für göttliche Einwirkung empfänglich iſt. Das
iſt aber ein „religiöſes" Verhalten. Wir dürfen dies Bei
wort recht wohl für dieſe dritte Kauſalitätserkenntnis gebrauchen,
wenn man nur nicht die Meinung damit verbindet, daß die
ſelbe weniger objektiv gegeben, weniger ſicher und weniger
zutreffend ſei als andere Kauſalitätserkenntnis.

Mit ſolcher Betrachtung des geſamten Kauſalitätsgefüges
hängt nun eine weitere, für das ganze ſittlich religiöſe Leben
hochwichtige Frage zuſammen und ſcheint auf den erſten Blick
in einem der chriſtlichen Überzeugung zuwiderlaufenden Sinne
beantwortet werden zu müſſen: das iſt die Frage nach der
menſchlichen Willensfreiheit.

3. Giebt es wirklich eine menschliche Willensfreiheit?

Es unterliegt keinem Zweifel, daß in der christlichen Religion die menschliche Willensfreiheit als etwas Selbstver= ständliches vorausgesetzt wird. Sowohl in der hl. Schrift wie im Leben der Christen basiert jeder sittliche Tadel und Vorwurf und jede Aufforderung zum sittlichen Lebenswandel, ja auch jeder Ruf zum Glauben, d. i. zu einem gottbezogenen Leben auf der Überzeugung, daß der Mensch freien Willen habe. —

Aber mancherlei Gründe sind dagegen ins Feld geführt worden. Für viele logisch denkende Menschen ist der stärkste Gegengrund wohl: die Unumstößlichkeit der Alles be= herrschenden Kausalität. Andere Gründe werden her= genommen aus der Erfahrung und zwar aus der indivi= duellen und aus der allgemeinen.

Ein besonders großes Gewicht hat nach der Meinung Vieler der auf die Statistik der Verbrechen gegründete Einwand. Wenn in einem gewissen größeren Bezirke in dem gleichen Zeitraume die gleiche Zahl von Verbrechen einer be= stimmten Art zu geschehen pflegt, so deutet das — sagt man — auf eine verborgene innere Notwendigkeit. Wo aber Notwendigkeit herrscht, da sei die Freiheit ausgeschlossen. — Es ist eigentlich zu verwundern, daß dieses Räsonnement so viel Anklang und Anhang gefunden hat. Denn einerseits ist die gemachte Voraussetzung streng genommen gar nicht einmal

in der Erfahrung gegeben, und anderseits ist die daraus ge=
zogene Folgerung ganz übereilt. Die Zahl bestimmter Ver=
brechen in der gleichen Zeit und in demselben Bezirke ist gar
nicht eine konstant gleiche, vielmehr zeigt sich thatsächlich überall
ein unberechenbares Schwanken. Soweit aber eine gewisse
Regelmäßigkeit hervortritt, ist dieselbe wohl als ein Grad
messer der Volksmoralität, auch als ein bedeutsames Anzeichen
der sozialen und wirtschaftlichen Zustände zu beachten: aber
über die Motive, über die geistigen Ursachen der ein
zelnen Handlungen ist gar nichts daraus zu ersehen.
Wenn aber die Statistik der Verbrechen die Motive, welche
bei der einzelnen Handlung wirksam gewesen, überhaupt nicht
mit angiebt, auch kaum jemals mit Sicherheit angeben kann,
so kann sie selbstverständlich auch nie beweisen, daß unter all
den geistigen Ursachen einer Handlung kein freier Willens=
entschluß gewesen.

Ein Vergleich diene zur Klärung der Sachlage! An
genommen, daß wirklich einmal — wie es ja vorkommen
kann — die Zahl der Neujahrs=Bestellungen bei einem Post=
amte einige Jahre hintereinander genau oder fast genau gleich
geblieben, so wäre das wohl im allgemeinen ein charakte=
ristisches Zeichen für die Intensität des Briefverkehrs in jenem
Bezirke. Aber aus dieser Zahl und ihrer Konstanz ließe sich
doch durchaus noch nicht schließen, welchen Ursachen die
einzelnen Briefe ihre Entstehung verdanken, wie viele aus
geschäftlichem Interesse, wie viele aus Scherz und Uebermut,
wie viele aus Freundschaft oder Liebe geschrieben sind; und
wenn die Motive für den Einzelfall unbekannt sind, so ist auch
ein ethisches Urteil darüber rein unmöglich; rein unmöglich
also auch die Feststellung, daß bei all den wirksam ge=
wesenen Motiven keinerlei freie Entschließung mitgewirkt habe.

Es ist wirklich Zeit, daß jene ganz unlogische Schluß=
folgerung aus der Statistik endlich in ihrer Nichtigkeit erkannt
und zu den Haufen der abgethanen Irrtümer gelegt werde.

Wichtiger ist die individuelle Erfahrung! Auch da
freilich wird mit der Behauptung absoluter Gebundenheit des

Willens viel Unfug getrieben, am meisten von denen selber, welche gern ihre eigenen unmoralischen Handlungen mit dem Nicht=anders=können entschuldigen möchten. Wie mancher lasterhafte Mensch redet es sich und Andern vor, daß seine Naturanlage, seine Erziehung, seine Gewohnheit und auch die Lage der Dinge ihn mit Notwendigkeit zu seiner Handlungs= weise zwinge. — Und weil eine gewisse Wahrheit in solcher Betrachtungsweise liegt, darum imponiert dieselbe und wird — irrtümlich — für absolut zutreffend gehalten! Es ist ja wahr, daß die Naturanlage, daß die Gewöhnung u. s. w. eine gewisse Macht über den Willen ausübt. Nicht wahr aber ist es, daß der Wille dadurch gänzlich und immer beherrscht und zu be= stimmtem Thun gezwungen werde.

Wer die Willensfreiheit nicht anwendet und nicht übt (nicht anwenden und üben will!), der kennt sie nicht und urteilt daher aus einer beschränkten und unvoll= ständigen Erfahrung. — Auch hier ein Vergleich aus der Betrachtung der Körperwelt. Wer nur das natürliche Gewicht des menschlichen Körpers und das spezifische Gewicht des Wassers in Anschlag bringt, der muß ja wohl urteilen, daß der Mensch in tiefem Wasser nicht imstande sei, sein Haupt über die Oberfläche zu erheben. Wer aber auch die Be= wegung des Schwimmens und ihre Wirkung kennt und in Anschlag bringt, der urteilt richtiger und weiß, daß der Mensch durch die richtige Anwendung der ihm zu Gebote stehenden verborgenen Bewegungskraft sehr wohl imstande ist, das zu thun, was eine auf mangelhafter Erfahrung und Beobachtung gegründete Theorie mit logischer Notwendigkeit ihm absprechen würde.

So wird auch in Betreff der Willensfreiheit eine auf mangelhafter Beobachtung und Erfahrung ruhende Theorie trotz größter logischer Schärfe unrichtig sein. Das Grund- legende für alle Erkenntnis ist immer: Erfahrung. Ge- brauche nur deine Willenskraft zum Guten! Dann wirst du sie auch erkennen und begreifen. Zweifle nicht, stelle nicht vor dir selbst und vor Andern deine Kraft zum Guten in

Abrede! Sei gewiß: du kannst es thun, was die Pflicht, was dein Gewissen, d. i. Gottes Antrieb, in dir gebietet — thue es nur! Dann hast du die Erfahrung der Willensfreiheit! Damit läßt sich dann auch ein logisches Verständnis derselben gewinnen.

Auch hierin können wir Menschenkinder — nämlich die an ihrer Willenskraft irre geworden sind — von den Vögeln unter dem Himmel lernen, nämlich Vertrauen lernen. Freilich ist das Vögelein körperlich vielmal schwerer als die Luft; und wenn es grübeln könnte und wollte, würde es denken müssen: in dem leichten Element kann ich nicht schweben! „mich schuf aus gröberem Stoffe die Natur" und an der Erde hält mich die Notwendigkeit. Aber es kann nicht grübeln, auch an der ihm zu Gebote stehenden verborgenen Kraft nicht zweifeln. So fliegt es einfach auf, und darin kommt dann thatsächlich eine Kraft zur Entfaltung, die von anderer Art und Herkunft ist als die nur mechanisch wirkende Schwerkraft. — So sollte auch der Mensch nur frisch und zuversichtlich dem höheren geistigen Naturtriebe folgen, Gebrauch machen von der über alle stofflichen Kräfte erhabenen, verborgen in ihm liegenden Geisteskraft und sollte nimmer sich selbst vorreden: „mich schuf aus gröberem Stoffe die Natur" — und wenn's auch leider zutreffen mag, wie es dort wörtlich weiter lautet: „und zu der Erde zieht mich die Begierde", so zieht und bindet die Begierde doch nicht mit unbesiegbarer Naturnotwendigkeit.

Das also ist und bleibt für die Lösung des Problems der Willensfreiheit das Erste und Wichtigste, daß wir sie in unserm eigenen innern Leben erfahren — nicht etwa zweifelnd und zaudernd nur daran herumprobieren, sondern sie mit Entschiedenheit und Stetigkeit einfach ausüben! Gleichwie der Schwimmende im Wasser die nötigen Bewegungen einfach, ruhig, sicher und bestimmt macht, nicht aber ängstlich und unsicher umherschlagen und zweifelnd probieren darf. Aber mit diesem Ersten und Wichtigsten, d. h. mit der thatsächlichen, unbestreitbaren Erfahrung der Willensfreiheit

ist das „Erkenntnisproblem" derselben noch nicht gelöst; viel=
mehr tritt es dadurch dem logisch nachdenkenden Menschen nur
um so ernsthafter und wichtiger auf und fordert zu immer
schärferem und ernsterem Nachdenken auf.

Wir lassen also die leichtfertigen, nur das Laster be=
schönigenden Behauptungen des unmoralischen Menschen, daß
er in allen seinen Willensakten sich durch eine zwingende Not=
wendigkeit bestimmt sehe, beiseite. — Wenn aber ein ernster,
moralisch energischer Mensch, der auch durch Erfahrung das
Bewußtsein einer Kraft des freien Willens gewonnen hat, mit
logischer Genauigkeit die allumfassende Kausalität des Ur=
grundes aller Dinge erwägt, dann muß einem solchen allerdings
eine ernste Beunruhigung entstehen, deren Lösung aufs dring=
lichste zu suchen ist. Gewinnt er die Einsicht, wie die Willens=
freiheit bei der unumstößlichen Thatsache der Kausalität bestehen
kann, n i c h t, dann kann er unter Umständen — wenn er mit
seinem Denken von dem Problem nicht losläßt — dahin
kommen, daß er das Gefühl und Bewußtsein der Willens=
freiheit für eine „J l l u s i o n", für eine S e l b s t t ä u s c h u n g
erklärt. Ein verzweifelter Ausweg! Wer den erwählt, müßte
konsequentermaßen überhaupt auf alle Erkenntnisgewißheit
verzichten; denn was kann uns noch feststehen, wenn die un=
mittelbarste innerste Erfahrung als völlig falsch angesehen
werden muß?

Trotzdem müssen wir dieser Erklärung, weil gar mancher
moralisch strenge, ernste Mensch ihr beipflichten zu müssen
glaubt, näher treten. Man sagt, der Mensch bilde sich ein,
freie Willensentscheidung zu haben, weil er unter Umständen
vor der Entscheidung in seinen Erwägungen hin= und her=
schwankt und es selbst nicht merkt, daß schließlich doch unter
den widerstreitenden Motiven das stärkste zur Geltung kommt:
er schätze die Stärke der verschiedenen in ihm selbst liegenden,
durch Anlage, Gewohnheit, Erziehung u. s. w. entstandenen
Antriebe nicht klar und richtig. — Nun, es mag wohl sein,
daß wir oft über die Stärke eines Triebes in uns, über die
Macht der Gewohnheit und andern Kräfte unseres innern

Lebens selbst nicht klar sind; es mag auch vorkommen, daß wir in einem einzelnen Falle uns täuschen über den Ursprung einer eigenen Willensentscheidung, unsern Willen noch für undeterminiert halten, wo er schon determiniert ist. Aber durch die absolute Beseitigung des freien Willens wird der ganze Begriff des „Guten" (wie auch des „Bösen") gänzlich vernichtet; dasselbe wird seines eigentümlichen Charakters entkleidet; damit fällt die ganze Sittlichkeit in nichts zusammen, deren sich der moralische Mensch doch als seiner besonderen eigentümlichen, ihn auszeichnenden Aufgabe aufs tiefste bewußt ist.*)

Vor allem steht die Theorie des Determinismus in Widerspruch zu dem nicht zu tilgenden Bewußtsein der Verantwortlichkeit des Menschen für sein Thun. Wenn wirklich immer nur mit Notwendigkeit gegebene und mit unbedingter Notwendigkeit wirkende Motive unser Verhalten bestimmen, dann kann von einer persönlichen Schuld bei Verfehlungen und Verbrechen keine Rede mehr sein. Und doch bezeugt das strafende Gewissen unzweifelhaft die persönliche Schuld. Das strafende Gewissen ist eben nicht etwa ein gewöhnliches, allgemeines Gefühl des Schmerzes oder der Betrübnis, sondern etwas ganz Eigenartiges, nicht der Stärke nach, sondern seiner Art nach verschieden von der Betrübnis oder dem Ärger über irgendwelche unabwendbaren Mißverhältnisse. Der größte Schmerz über irgend einen Verlust ist doch nicht gleich dem schmerzlichen Bewußtsein: Ich bin schuldig! ich habe Unrecht gethan! – Wer diese Verschiedenheit verwischen oder leugnen will, der hebt das ganze sittliche Bewußtsein auf.

---

*) Das ist ja einzuräumen, daß auch bei absolutem Determinismus immerhin Ermahnung und Erziehung noch einen guten Sinn haben kann, sofern der Ermahnende und Erziehende darauf hinarbeitet — und zwar vermöge einer auch ihn treibenden innern Notwendigkeit darauf hinarbeiten muß —, daß die edleren Motive in der Seele des Zöglings angeregt und gestärkt werden; aber seinen Charakter und eigentlichen Wert hat das „Gute" dann nicht mehr, wenn es nicht mehr Sache freiwilliger Gesinnung sein soll.

Da ist es denn doch geboten:, ehe wir das Bewußtsein der Willensfreiheit und damit das ganze sittliche Bewußtsein für Illusion erklären, daß wir lieber zuvor „die Akten des Prozesses noch einmal revidieren" und genauer zusehen, ob denn wirklich jede freie Entschließung durch die freilich nicht wegzubringende Kausalität ausgeschlossen wird.

Mit der groben und unhaltbaren Theorie der Materialisten, daß alle Geistesthätigkeit und so auch alle Willensakte nichts anderes seien als ein notwendiges Produkt der Funktionen des Stoffes, haben wir es hier nicht mehr zu thun. — Auch lassen wir hier für unsern Zweck, um den entscheidenden Punkt möglichst klar zu erfassen, die unbestrittene Thatsache der Mitbeeinflussung geistiger Akte durch den Zustand der körperlichen Organe einmal beiseite und richten unsere Untersuchung nur auf die geistigen Ursachen der menschlichen Willensakte.

Daß auch auf geistigem Gebiete die Kausalität ausnahmslose Gültigkeit hat, davon sind wir überzeugt, auch ohne daß dieselbe in allen Einzelfällen nachweisbar ist. Jede Wirkung hat ihre Ursache oder ihren Komplex von Ursachen; und jede Ursache und so auch jeder Komplex von Ursachen ist wiederum kausiert durch andere Ursachen oder wirkende Umstände, die davor liegen, ringsum liegen und zu Grunde liegen; und jede Wirkung muß genau so ausfallen, wie es durch die zusammenwirkenden Ursachen bedingt ist. So ist denn — wie es scheint — jede geistige Thätigkeit, also auch jeder Willensakt unabwendbar festgelegt, schon ehe er vollzogen wird: d. h. eine freie Entscheidung ist überhaupt ausgeschlossen.

Zu demselben Ergebnisse kommen wir auch, so scheint es, wenn wir jede der drei Kausalitäten einzeln für sich in Betracht ziehen. — Wie wir erkannt haben, ist in jedem Punkte einer wirklichen Aktion, also auch einer geistigen Aktion

1. eine zeitlich fortschreitende Kausalreihe wirksam. Der unmittelbar vorhergehende Zustand, ja die ganze Reihe aller vorhergehenden Zustände oder Entwicklungsphasen des

betreffenden Subjektes bedingt auch die Aktion in dem bestimmten Momente, bedingt jeden Wunsch nach Richtung
und Kraft, jeden Entschluß und jede That. — Wo bleibt da
Raum für eine freie Willensregung?

2. Die verknüpfende Kausalreihe macht jedes einzelne
Wirkliche abhängig von seiner ganzen Umgebung, ja indirekt
von der ganzen Welt ringsum. Auch innerhalb der individuellen Seele ist ein Zusammenhang, eine gegenseitige Beeinflussung aller Regungen, die zum geistigen Leben gehören,
der Empfindungen, der Vorstellungen, der Begehrungen, der
Überzeugungen, der Grundsätze u. s. w., ebenso wie ein kausaler
Zusammenhang des ganzen individuellen Seelenlebens mit der
geistigen Außenwelt vorhanden ist. Mit andern Worten: der in
sich zusammenhangsvolle geistige Mikrokosmos, der zugleich mit
dem ganzen Makrokosmos in Konnex steht, bestimmt auch
jede einzelne Willensregung. Wo bleibt da Raum für eine
freie Willensentscheidung?

3. Wie das Dasein und das So sein jedes einzelnen
Wirklichen durch die alles schaffende Energie kausiert ist, so
natürlich auch die menschliche Seele, so auch jede ihrer Willens-
regungen. Wo bleibt da Raum für einen freien Willensakt?!

Und hier, bei dieser dritten Kausalität liegt für unser
Problem die letzte Entscheidung. Wäre das Individuum nach
seinem Wesen, welches ja der alles schaffenden Kausalität ent-
stammt, frei, dann würde es allerdings (wenigstens bis zu
einem gewissen Grade) selbstbestimmend und frei in die zeitliche Kausalreihe und ebenso auch in den Konnex der Welt
eingreifen können. Aber das ist eben — wie es hier scheint
— das nicht zu beseitigende Hindernis: das geistige Einzelwesen ist in seinem ganzen Dasein und So-sein gewirkt und
darum abhängig von dem Urgrunde aller Dinge.

Gesetzt, ein wahrheitsliebender Mensch hat eine Erklärung
abzugeben, die kein Anderer kontrollieren kann. Sein innerstes
Gefühl treibt ihn, die Wahrheit zu sagen; Rücksicht auf Vorteil oder Ehre rät ihm, die Wahrheit zu verdecken. Er
schwankt. Wodurch wird seine Entschließung bestimmt werden?

3*

Doch wohl durch dasjenige Motiv, welches im Grunde das
stärkere in seinem Wesen ist. Nehmen wir an: er folgt seiner
Wahrheitsliebe. Da muß man doch unter dem Gesichtspunkte
der Kausalität sagen: der Urgrund aller Dinge, die schöpfe-
rische, göttliche Wirksamkeit hat in ihm diese so überwiegende
Wahrheitsliebe im allgemeinen und jetzt auch im besondern
diesen wahrheitsgemäßen Entschluß gewirkt, sie hat ihm eben
dies Motiv stärker gegeben und stärker erregt als die wider-
strebenden! Schon in dem Bewußtsein von Recht und Unrecht, schon in dieser ethischen Einsicht ist ihm auch ein
gewisser Antrieb zum Guten gegenüber dem natürlichen
selbstischen Triebe gegeben.

In der That, die Ursache für das Überwiegen des
Ethischen wird man über das Individuum hinaus verfolgen
und in der alles kausierenden göttlichen Wirksamkeit suchen
müssen. Und das entspricht zugleich aufs genaueste dem
reinsten christlichen Bewußtsein. „Gott ist es, der beides in
euch schafft, das Wollen und das Vollbringen.“ „Denn wo
was Guts von mir geschicht, das wirket nur Dein göttlich
Licht.“ Ja im letzten Grunde ist es Gottes Wirksamkeit, die
uns die Wahl giebt zwischen Gut und Böse und zugleich den
Antrieb zum Guten und jede Kraft dazu. Und doch giebt's
im Verlaufe dieser göttlichen Kausalität eine
Stelle, wo menschliche Freiheit entsteht und
wirksam wird und wo denn auch des Menschen
Verantwortlichkeit begründet liegt.

Das wäre wohl leicht erweislich, wenn wir sagen dürften:
es ist in des Menschen Hand gelegt, ob er den göttlichen
Antrieb wirksam werden, die ihm dargebotene Gotteskraft zum
Guten in Aktion treten lassen will, so wie es dem Maschi-
nisten auf der Lokomotive überlassen ist, durch einen einzigen
Griff, durch eine Hebeldrehung die vorhandene ungeheure
Kraft zur Wirksamkeit zuzulassen, daß sie ihn selber samt dem
ganzen Zuge bewegt. Aber in diesem Bilde für des Menschen
freie Entscheidung über das Wirksam=werden der so viel
größern Kraft und ihre Zulassung auf ihn selber bleibt zu-

nächst unzutreffend der Umstand, daß der Wille des Maschi=
nisten seiner Maschine gegenüber frei und unabhängig ist, hin=
gegen die ethische Entscheidung des Menschen, ob
er den göttlichen Antrieb zulassen will, daß er wirksam in
ihm werde, doch offenbar selbst eine Aktion ist, wofür
als letzte Ursache wiederum eben die alles begründende gött=
liche Kausalität stehen bleibt.

Doch Eins ist bei dieser Erörterung bisher noch nicht in
Betracht gezogen: nämlich der Umstand, daß die Menschen=
seele nicht etwa bloß ein punktuelles Glied der
Kausalreihen ist, sondern ein wirkliches Wesen
von einem gewissen Umfange.
In Bezug auf die zeitliche Kausalität ist ja die Thatsache, daß die Seele eine gewisse Strecke des Ver=
laufs als eigenes Leben umspannt, evident und selbstver=
ständlich. Auch in Bezug auf die verknüpfende Kausalität ist
es leicht einzusehen, daß sie einen gewissen Umfang zusammen=
hängender Wirklichkeit hat. Die ganze Welt ihrer Vorstell
ungen, ihrer Erinnerungen, ihrer Begehrungen, ihrer ethischen
Anschauungen und Gewöhnungen, die ganze in sich zusammen=
hängende Summa ihres Fühlens, Denkens und Wollens bezeugt es, daß sie nicht bloß Brennpunkt oder punktuelles, aus
dehnungsloses Glied der Kausalreihen ist.
Ebenso nun ist auch nach der dritten Kausalrichtung
die Menschenseele mehr als ein bloßer Aktions=
punkt. Wäre sie hier nur ein ausdehnungsloser Durch-
gangspunkt, dann freilich wäre alle ihre Aktivität auch
ohne Rest nur Wirkung eines andern, eines fremden
Etwas; und damit wäre jede Selbständigkeit, also jede Frei=
heit auch völlig ausgeschlossen. — Bei einer bloß logischen
Erörterung der Hineingehörigkeit der Seele in den allgemeinen
Kausalkonnex wird dies Moment wohl leicht übersehen, und
doch liegt gerade hier die Lösung des ganzen Problems.
Durch eine ganz eigentümliche, man darf sagen: wunder=
bare psychische Organisation ist dem Menschengeiste ein ge
wisser Umfang von Daseinsbegründung,, eine gewisse Tiefe

oder Entwicklungsstrecke der Selbstbegründung ermöglicht und
gegeben worden.*) Die Veranstaltung dazu ist das Vermögen
des Menschen, nicht bloß Eindrücke der Außenwelt in sich
aufzunehmen und zu Wahrnehmungen und Vorstellungen zu
verarbeiten (das thun die höher organisierten Tiere auch),
sondern auch die eigenen Vorstellungen und überhaupt die
eigenen seelischen Regungen zu beachten und zum Objekt des
Erkennens zu machen; mit andern Worten: das Vermögen,
über das eigene innere Leben zu „reflektieren", also das
Selbstbewußtsein. Dadurch ist es dem Menschen möglich,
auch seine eigenen Triebe, sowohl die natürlichen und selbstischen, als auch die höheren, göttlichen Antriebe zum selbst-
losen Handeln zu erkennen, zu beurteilen, unter einander zu
bevorzugen. Und bei dieser in sich geschlossenen Aktivität ist
denn auch die Möglichkeit gegeben, das an sich
schwächere Motiv vor dem stärkeren zu bevorzugen!

Dieser letzte Satz wird zunächst anstößig erscheinen und
bedarf der Erläuterung. — Nehmen wir einen naheliegenden
Vergleich. Zwei ungleiche, aber doch annähernd gleiche Gewichte liegen auf den zwei Schalen einer Wage. Noch schwankt
die Wage auf und nieder. Wenn das Schwanken ohne
fremden Eingriff einfach weiter dauert, dann wird es immer
geringer, und schließlich bleibt das schwerere Gewicht mit Naturnotwendigkeit unten stehen. Solange aber diese Ruhe noch
nicht eingetreten ist, kommt zeitweilig auch das geringere
Gewicht tiefer als das an sich größere. Wenn nun in solchem
Momente die Hand eingreift, dann tritt ein anderes Ergebnis
ein, als nach dem Verhältnis der Gewichte zu erwarten wäre.
So ist es auch mit den streitenden ethischen Motiven: der
selbstbewußte, über seine eigenen Regungen und Motive
reflektierende Menschengeist kann durch rechtzeitiges Zugreifen,
d. h. durch seine entscheidende Wahl und Entschluß dem an

---

*) Das ist seine göttliche Natur, gehört zu seiner Gottebenbild-
lichkeit!

sich schwächeren Motive den Sieg über das wider-
streitende stärkere Motiv geben. Damit ist ihm eine gewisse
Unabhängigkeit, eine gewisse entscheidende Macht auch gegenüber dem natürlichen Gewichte seiner eigenen Motive gegeben:
d. h. er hat eine Willensfreiheit, zwar nicht eine un-
ermeßliche oder gar absolute, aber doch eine relative.

Hier kann auch der Determinismus nicht mehr den Einwand erheben, daß es doch wiederum eigentlich die Kausalität
des Urgrundes sei, wodurch der Mensch innerlich gezwungen
werde, gerade in dem betreffenden Momente des
Schwankens das an sich schwächere Motiv zu dem maßgebenden zu machen, ihm die Entscheidungskraft zu geben.
Denn es ist doch nicht in Abrede zu stellen, daß, wie in der
Körperwelt unter Umständen auch einmal ein absolutes, wenngleich „labiles" Gleichgewicht zweier Massen statt hat, so auch
beim Streit auf- und abwogender geistiger Motive immer
einmal ein Punkt des absoluten Gleichgewichtes passiert wird.
Wenn nun aber die göttliche alles beherrschende Wirksamkeit
imstande ist, den Menschengeist wenigstens vorübergehend in
den Zustand eines absoluten Gleichgewichts sämtlicher in Betracht kommender Motive, d. h. in den Zustand absoluten
Unbeeinflußtseins zu bringen, dann ist es doch auch nicht
ausgeschlossen, daß der Menschengeist, der doch die Möglichkeit der Aktivität in sich trägt, auch gerade in solchem
Momente des absoluten Fehlens einer Präponderanz den entscheidenden Willensentschluß, etwa zum
Guten, faßt. Er braucht ja gar nicht jedesmal die Präponderanz des guten Motivs abzuwarten, wie oben — beim
Vergleich mit der Wage — angenommen wurde. Sobald
aber logisch die Möglichkeit anerkannt werden muß, daß der
mit Aktivität ausgerüstete Menschengeist auch einmal im Zustande absoluten Unbeeinflußtseins sich befindet und darin seine
Willensentscheidung vollziehen kann: dann muß auch ein-
geräumt werden, daß er auch in dem Momente einer
Präponderanz des guten Motivs einer zwingen-
den Einwirkung der göttlichen Kausalität nicht

bedarf. Damit ist aber die Möglichkeit einer freien
Willensentscheidung auch neben der göttlichen alles umfassenden
Kausalität logisch nachgewiesen. — Die Wirklichkeit
muß erfahren, erlebt werden.

Zum Schlusse soll noch hervorgehoben werden, daß durch
diesen Nachweis der Möglichkeit menschlicher freier Willens=
entscheidung die oben erwähnte christliche Überzeugung, daß
wir jeden Entschluß zum Guten, wie auch jedes moralische
Handeln doch im letzten Grunde allein der göttlichen Wirk=
samkeit verdanken, keineswegs negiert, sondern durchaus fest=
gehalten wird, insofern ja einerseits die Fähigkeit zum mora=
lischen Erkennen und Wählen, anderseits alle Aktivität uns
ganz allein aus der alles kausierenden göttlichen Wirksamkeit
zuteil geworden ist und zuteil wird.

Damit ist denn auch dem Irrtume oder Mißver=
ständnisse vorgebeugt, als ob eine freie Willensentscheidung,
falls man sie statuieren wollte, den Charakter des Zu=
fälligen haben müsse. Bei jeder ethischen Ent=
scheidung sind ja eben ethische Motive und ethische Er=
kenntnis und Beurteilung in der Seele vorhanden und wirksam.

4. Giebt es einen wirklichen Verkehr des Menschen mit Gott und darum auch Gebets-erhörung und Wunder?

Unter den ernsten, sittlich energischen Menschen, welche bei der beständigen Bethätigung ihrer sittlichen Freiheit der selben auch so gewiß sind, daß sie dafür gar keines logischen oder psychologischen Nachweises bedürfen, ist doch manch einer, der an der Realität eines Verkehres des Menschen mit Gott starken Zweifel hegt und geneigt ist, das ganze Gebetsleben für eine kindliche, im Grunde aber unvernünftige Gewohnheit zu halten. So dachte u. a. — und zwar bei völliger Ver-kümmerung seines eigenen Gebetslebens — auch der Philosoph Kant. Das Gebet meint er, gründe sich eigentlich nur auf eine Personifikation oder (wie er es mit griechischem Worte benennt) Prosopopöie: d. h. der Betende personifiziere dabei etwas, was eigentlich keine Person ist. Damit wird der ganze Gebetsverkehr für eine Illusion erklärt.

Wer nun innerlich überhaupt abgeneigt ist, einen Gebetsverkehr mit Gott zu haben, dem wird freilich auch der Nachweis der Realität desselben, seiner Berechtigung und Not-wendigkeit nichts nützen. — Wer aber in seinem Innern den Zug zu dem lebendigen Gotte, dem Ursprung und Element unseres Geistes, fühlt und auch gern diesem Zuge folgen möchte; wer sich danach sehnt, in einer beständigen und wirk-lichen Geistesgemeinschaft mit Gott zu leben, sich aber durch philosophische Bedenken, durch allerlei Verstandesgründe ver-

hindert fühlt, solchen Gebetsverkehr ernstlich zu beginnen und
ernstlich festzuhalten, dem wird eine strenge logische Unter
suchung des Sachverhaltes nicht nur willkommen, sondern auch
eine Hilfe für sein inneres Leben sein. —

Daran wird ja ein klar denkender Mensch, dem das ganze
Kausalgefüge und insbesondere die alles begründende Wesens
kausalität zum Bewußtsein gekommen ist, nicht zweifeln können,
daß diese alles kausierende Energie in jedem Augenblicke auf
jedes einzelne wirkliche Wesen gerichtet ist und so
auch auf den betenden Menschengeist. Aber das
ist doch noch kein Verkehr! Verkehr ist eine mit Bewußtsein
sich vollziehende und gegenseitige Mitteilung von Geist zu
Geist. Selbst da, wo von der einen Seite bewußte persön=
liche Mitteilung oder Zusprache ausgeübt oder versucht wird,
auf der andern Seite aber nichts davon mit Bewußtsein auf=
genommen oder gar erwidert wird, ist ein eigentlicher Verkehr
nicht vorhanden. Wenn eine Mutter ihr noch bewußtloses
Kindlein liebevoll anredet, wenn ein Arzt oder ein fürsorglicher
Pfleger einem Wahnsinnigen oder einem Betäubten vergeblich zu=
spricht oder auf andere Weise auf ihn einzuwirken versucht, so ist
solche thatsächlich ausgeübte Einwirkung noch kein Verkehr zu
nennen. Auch physische Wirkung von der einen und geistige
Anrede von der andern Seite ist noch kein Verkehr. Mag
etwa auch ein fernes Sternlein am Himmel durch seine Licht=
wirkung unsern Augennerv erregen und ein kindliches Gemüt
in dankbarer Freude dem Sternlein zurufen und winken: ein
Verkehr ist das nicht. Mag auch die große Sonne Wirkungen
des Lichtes, der Wärme, der Schwerkraft wie auf alle Erden
wesen so auch auf ein einzelnes frommes Menschenkind, das
dankbar, vielleicht auch anbetend sich zu ihr wendet, ausüben —
ein Verkehr ist das nicht. Ja, auch wenn eines begeisterten
Redners Wort viele tausend Herzen bewegt, wenn vielleicht
ein einzelner Hörer sich persönlich getroffen fühlt und in der
Tiefe seines Herzens still dem Redner antwortet — ein Ver
kehr ist auch das noch nicht. Zu einem Verkehr gehört eben
gegenseitige bewußte Mitteilung!

Ist denn nun solches möglich zwischen Gott und dem Menschen? Der Deismus, d. h. die Vorstellung von einem zwar geistigen, aber weltfernen Gotte muß das verneinen: der Pantheismus, d. h. die Meinung, daß Gott zwar immanent in der Welt, aber nicht geistigen Wesens sei, muß es auch verneinen. Aber beides sind ja selbst unhaltbare Behauptungen. Die einzig konsequente, auf Erfahrung und Denknotwendigkeit, d. h. auf Kausalität sich gründende Welt- und Gotteserkenntnis, die auch der christlichen Überzeugung entspricht, der Theismus, kann und muß jene Frage b e j a h e n.

Freilich muß Mancher, der das Kausalgefüge der Wirklichkeit in sein Bewußtsein aufgenommen, ja auch sich gewöhnt hat, die ganze Welt mit allen ihren einzelnen Wesen und Verhältnissen und Wirkungen auf die immanente, alles schaffende Energie zurückzuführen, d. h. für alles, alles in der Welt die göttliche Wirksamkeit als Ursache zu erkennen, sich doch immer und immer wieder ausdrücklich auch dessen bewußt werden, daß diese alles schaffende Energie, da sie ja auch das mensch= liche Geistesleben kausiert, selber g e i s t i g e s W e s e n haben, p e r s ö n l i c h e r Geist sein muß (vgl. Kap. 2). So w i r k t und w e i ß denn auch dieser geistige göttliche Urgrund aller Dinge in jedem Augenblicke auch jede betende Stimmung und Kundgebung jedes Menschengeistes.*) — In der That darf der Mensch dessen völlig gewiß sein, daß, wie jeder Akt seines geistigen Lebens, so auch jedes Gott suchen, jede Gebets= stimmung auf einer Wirkung des lebendigen persönlichen Gottes beruht: und wer von diesem Bewußtsein durchdrungen ist, der w e i ß auch, daß Gott sein Gebet vernimmt, und daß in seinem Beten selbst eine persönliche Gemeinschaft zwischen ihm und Gott obwaltet. Ich sage: er „w e i ß" solches: und er kann und darf sich ohne Widerspruch des denkenden Ver=

---

*) Diese große, tiefe Wahrheit wird in der Schrift mit unüber= trefflich schlicht erhabenen Worten ausgesprochen: „Der das Ohr gepflanzt hat, sollte der nicht hören?" „Ich sitze oder stehe auf, so weißt du es; du verstehst meine Gedanken von ferne. Siehe es ist kein Wort auf meiner Zunge, das du Herr nicht alles wissest."

standes hineinleben in solches Bewußtsein. Dann wird
er auch in seinem Leben unzählige Erfahrungen von
wirklicher Gebetsgemeinschaft, von Wort und Antwort, von
Bitte und Erhörung machen.

Allerdings sind bei den einzelnen Gebeten, wie in
andern Dingen, Selbsttäuschungen möglich, und darum ist es
besonders nötig, daß wir das uns anderweit kundgewordene
Wesen Gottes und Ziel seines Wirkens immer wieder erwägen
und bedenken und danach unser Wünschen und Bitten, sowie
auch unser Verständnis betreffs der Erhörung regulieren.

Das führt uns nun von dem Gebetsverkehr im allge=
meinen auf die besondere Frage der Gebetserhörung.
Eine vielumstrittene Sache!

Von vornherein muß ausgesprochen werden, daß es ganz
aussichtslos wäre, wenn Jemand versuchen wollte, durch
äußere bestimmte Nachweisung in einzelnen Fällen oder gar
durch Experimente eine bejahende oder verneinende Entscheidung
zu gewinnen. Weder die überraschendste Erfah=
rung, negativer oder positiver Art, noch die erdrückendste
Fülle von zuverlässigen, unbestreitbaren Thatsachen würde
einen wirklich genügenden Beweis für oder wider die Gebets=
erhörung liefern.

Ist nicht das vor einigen Jahren öffentlich mitgeteilte
Erlebnis des schwedischen Arztes Strintberg und seiner Gattin
am Krankenbette der Tochter eine wahrhaft überwältigende
Erfahrung von Gebetserhörung gewesen! Er hat ehrlicher
Weise klar ausgesprochen, daß der Erfolg des dringenden
Gebets ganz evident gewesen. Aber trotzdem disputiert er
sich und Andern die Thatsache einer Erhörung des Ge=
betes weg. Durch Hypothesen, die ihm selbst — eingestandener=
maßen — nicht genügen, versucht er das Ereignis als
eine physiologische Wirkung zu erklären, nur damit er
seinen Atheismus nicht aufzugeben braucht!

Hingegen das Erlebnis des bekannten ernsten, frommen
Lavater in Zürich, der in fester Überzeugung, daß Christi
Wort vom Berge versetzenden Glauben sich bewahrheiten müsse,

vor das Stadtthor ging und das gebietende Wort zu einem
der Berge vergebens sprach — konnte dieses Erlebnis nicht ihm
und Andern zu einem Beweise gegen den Glauben an Gebetserhörung werden? Und dennoch hat er — mit Recht — an
seinem Christenglauben festgehalten, ist nicht irre daran ge
worden, sondern suchte nunmehr das Wort Christi richtiger
zu verstehen!

Auch eine Fülle von unzweifelhaften Erfahrungen kann
hier nichts beweisen. Sie könnte wohl überwältigen und
überzeugen, wenn nicht auf der andern Seite auch gar viele
klare Beispiele zeigten, daß auch herzliche, demütige Gebete
unerhört bleiben.

Endlich bleibt auch in jedem Falle, der uns eine deut
liche Gebetserhörung vor Augen stellt, doch immer die Be
hauptung möglich: „Das, was geschehen ist, wäre genau so
auch ohne das Gebet geschehen!“ Solche Behauptung ist zwar
nie beweisbar, aber auch nicht widerlegbar.

Auf solchem Wege ist hier keine Entscheidung zu ge
winnen. Die ganze Frage muß anders angefaßt werden. Es
muß zunächst beachtet werden, daß die allerdings naheliegende
und landläufige Betrachtungsweise, wonach die rechte Bitte als
einzige und notwendige Bedingung für die Gewährung des
Wunsches angesehen wird, einseitig und falsch ist. — Wenn
ein Soldat einen Urlaub begehrt, dann ist allerdings das
korrekte Gesuch wohl ein wichtiges Moment, aber doch nicht
das allein bestimmende für die Gewährung; wenn ein Kind
irgend etwas von seinen Eltern wünscht, so ist seine rechte
kindliche Bitte zwar nicht ohne Belang, aber doch keineswegs
die entscheidende Bedingung für die Erfüllung seines Wunsches.
Vielmehr kommen dort wie hier Gesichtspunkte und Gründe
für das Ja oder Nein in Betracht, von denen jener und von
denen dieses unter Umständen nichts weiß und nichts ver
steht; und das sind im letzteren Falle vornehmlich Rücksichten
auf das Gedeihen und die Entwicklung des Kindes selbst.
So ist's denn auch nicht schwer zu begreifen, daß doch wohl
auch für die Gewährung oder Versagung eines im Gebet vor

Gott gebrachten Wunsches noch über das Verständnis des Bittenden hinausliegende Entscheidungsgründe in Betracht kommen! Wohl dem Menschen, der bei Versagung wie auch bei Gewährung seiner Wünsche auf solche höheren Gesichtspunkte des göttlichen Waltens, auf den Gotteszweck in seinem Leben zu achten sich gewöhnt und ein Verständnis dafür gewinnt! „Auf Sein Werk mußt du schauen, wenn dein Werk soll bestehen."

Und was ist denn „Sein Werk"? Was ist der höchste Endzweck in allem Walten Gottes über dem Menschen und in dem Menschen?! — Nach Seiner Selbstbezeugung in unserm sittlichen Bewußtsein müssen wir zustimmen der Antwort, die uns von besonders gotterleuchteten Männern auf diese Frage gegeben ist: Apostelgeschichte 17: „daß sie den Herrn suchen sollten" und 1. Thess. 4: „Das ist der Wille Gottes: Eure Heiligung" wie auch 1. Petr. 3: „Heiliget aber Gott den Herrn in Eurem Herzen." — Kurz zusammengefaßt: Gottes Zweck und Ziel in allem Schaffen, Wirken und Walten ist des Menschen heilige und selige Gemeinschaft mit Ihm selbst. Und davon ist ja eben auch die kindliche, vertrauensvolle und demütige Bitte selbst ein wichtiges Moment!

Darum ist denn auch das kindliche Gebet, weil es selbst mit zu dem gottgewollten Zwecke gehört, dem auch die Not dienen sollte, unter Umständen wirklich die für Gewährung unseres Wunsches ausschlaggebende Bedingung. Mit anderen Worten: unter Umständen kann des heiligen Gottes Weisheit dem kindlich Betenden den Herzenswunsch gewähren, den Er ohne solches Gebet versagen müßte. — Daher ist es denn auch nicht richtig, wenn manche Theologen das Bittgebet in Theorie und Praxis als wertlos und erfolglos zurückdrängen wollen und statt dessen nur das Dankgebet, die freudige und lobende Zustimmung zu Gottes Walten allein empfehlen. Gewiß ist solches Dankgebet, zumal wo menschlich Betrübendes uns auferlegt ist, die höhere Stufe, wie

denn auch Jesu Christi Dankgebet, Matth. 11, wunderbar
großartig ist, wo er auch in der betrübenden Thatsache der
Unempfänglichkeit selbstgenugsamer großer Geister die hohe
heilige Gottesordnung erkennt und preist, daß nicht Geistes=
größe, sondern das Gefühl der eigenen Schwachheit und Ohn
macht zur Erlangung des Heils erforderlich ist. Aber solange
wir noch in diesem unvollkommenen Erdenleben stehen, so lange
darf und muß auch die Bitte: „Erlöse uns von dem Übel"
noch aufsteigen samt allen anderen Bitten, die uns der
Herr ja selber auf die Lippen legt.

Wo immer eine in Gottesgemeinschaft lebende, auf Gott
gerichtete Menschenseele von irgend einem Wunsche bewegt
wird und dieser Wunsch nicht etwa mit dem Gedanken an
den heiligen Gott in Widerspruch steht, also daß er verzehrt
werden müßte von dem heiligen Feuer seines Angesichtes, da
ergießt sich auch naturgemäß der Wunsch in eine
Bitte; und dieses Zur=Bitte=werden darf und wird auch in
dem Falle stattfinden, wo der gottgeeinte Mensch ganz über=
zeugt sein kann, daß des allmächtigen heiligen Gottes Wille
schon von selber gerade auf die Verwirklichung des Ersehnten
gerichtet ist, so daß es wahrhaftig nicht erst unserer armen
Bitte bedarf, damit Gott der Herr sich der Sache annehme.
„Gottes Reich kommt wohl ohne unser Gebet von Ihm selber."
Das sind denn recht eigentlich die Heilandsbitten, davon
Jesus sagt: „So ihr den Vater etwas bitten werdet
in meinem Namen, so wird Er es euch geben." Obwohl wir wissen, daß Gott selbst mit der ganzen Macht seines
barmherzigen heiligen Willens eben das erstrebt, was unser
Herz begehrt, so darf doch des Herzens Begehren betend, also
als Bitte Ihm ausgesprochen werden. So hat es Jesus
Christus auch selbst gehalten. — Nun liegt ja natürlich solches
Gebet, solche „Heilandsbitte" des Christen gar nicht
weit ab von dem Dankgebet, welches aufsteigt aus der
zuversichtlichen Gewißheit von Gottes allmächtigem Heils=
willen. — Und über die Schranken Seiner Allmacht, die Er
sich selbst durch die dem Menschen gegebene Gabe des freien

Willens auferlegt hat, brauchen wir nicht in Unruhe und
Sorge zu sein. Wer in jedem Augenblicke das Leben seiner
Kreaturen in der Hand hat, dem kann keine Rebellion zu
mächtig werden.

————

Mit der Frage nach der Gebetserhörung hängt aufs engste
die Wunderfrage zusammen; und vielfach giebt der land=
läufige Widerspruch gegen das Wunder den sonstigen Be=
denken und Zweifeln an der Gebetserhörung erst das größte
Gewicht.

Eine Hauptschwierigkeit der Wunderfrage liegt in der
Unbestimmtheit des Begriffs, den man mit dem
Worte „Wunder" verbindet.

Gegen ein Wunder in dem ursprünglichen Sinne des
Wortes, wonach es (wie θαῦμα und miraculum) eigentlich
nur irgendein Verwunderung erregendes Ereignis bezeichnet,
würde sich ja kein Widerspruch erheben. Aber das ist noch
nicht der Begriff des Wunders im religiösen Sinne; und
gerade gegen die in dieser Beziehung hinzugekommenen Merk=
male des Begriffs, die man so aus den biblischen Wunder=
berichten herausgelesen und zusammengetragen hat, wie gött=
liches Eingreifen in den Naturlauf, Durchbrechung der Natur=
gesetze u. dgl., erhebt sich der Widerspruch; und anderseits
werden von seiten vieler Gläubigen gerade diese Widerspruch
erregenden Momente als das Wesentlichste am Wunder an=
gesehen und festgehalten. Darum ist auch manchen gläubigen
Christen eine Apologetik, welche jene Widersprüche aufzuklären
und zu beseitigen versucht, gar nicht willkommen, sondern von
vornherein verdächtig. Indessen wenn auch der „alte vulgäre
Rationalismus" durch seine Wundererklärungen die Apologie
auf diesem Gebiete in Mißkredit gebracht hat, so dürfte doch
der Verdacht einer Verflachung durch sogenannte „natürliche
Wundererklärung" von vornherein bei der hier vorzunehmenden
Erörterung des Wunders ausgeschlossen sein, allein schon durch
die bisher gewonnene und dargelegte philosophische und

theologische Erkenntnis der immanenten Wirksamkeit des lebendigen und persönlichen Gottes in der Welt. Und gerade diese Erkenntnis beseitigt denn auch das Anstößige und Widerspruchsvolle des unklaren, vulgären Wunderbegriffs, ohne das Wunder selbst zu entwerten oder gar zu beseitigen.

Zweierlei haben wir vorweg zu beachten.

1. Es scheint, daß der starke prinzipielle Widerspruch, den viele „gebildete", „aufgeklärte" Christen gegen das Wunder erheben, zum Teil auf Unkenntnis beruht, nämlich auf Mißverständnis einzelner biblischer Wunder berichte. Da giebt es einige besonders „berüchtigte" Wunder, die mit Vorliebe von den Gegnern der Schrift und des Glaubens als etwas Unsinniges und Unglaubliches hervor gehoben werden. Daß auf Josuas Befehl Sonne und Mond stillgestanden, daß der Prophet Jonas drei Tage im Leibe des Walfisches gewesen, auch einen Lobgesang darin gedichtet und dann lebendig ans Land gekommen, derartige Wunder werden vorangestellt, und damit wird gegen die bi blischen Wunder überhaupt „Stimmung gemacht"; und dabei wird übersehen und verschwiegen, daß die betreffenden Schrift= stellen gar nicht etwa ein geschichtliches Wunder erzählen wollen, sondern einen ganz andern Sinn haben. Bekanntlich bezeugt sich der Bericht im Buche Josua (Kap. 10) selber ganz deutlich als ein fromm und dankbar Jehovah preisender Siegesbericht in poetischer Redeweise, für welche — man möchte sagen: Gott sei Dank! — sogar ausdrücklich das Zitat als aus dem „Buche des Frommen" stammend benannt wird. Ähnlich ist vielleicht auch der Bericht von Jerichos Eroberung zu verstehen; und noch heute wäre eine analoge Erwähnung des gottgegebenen Tages von Sedan oder der Eroberung von Paris nicht unverständlich. Auch Exod. 14,22 ist die Dar= stellungsweise in dem geschichtlichen Berichte vom Durch= zuge Israels durchs rote Meer „das Wasser war ihnen für Mauern zur Rechten und zur Linken" ganz deutlich noch ein Nachklang von der poetischen Redeweise in dem uralten

Danklied, welches im folgenden Kapitel mit angeführt ist, wo es V. 8 heißt: „Die Fluten standen auf Haufen".

Solche poetische Redeweise hat nun auch keineswegs den geschichtlichen Hinweis auf das natürliche Mittel der göttlichen Rettungsthat ausgeschlossen, vielmehr steht derselbe 14, 21 unverkennbar: „Der Herr ließ das Meer hinwegfahren durch einen starken Ostwind die ganze Nacht und machte das Meer trocken". Will Jemand auch noch an andere gottgefügte natürliche Umstände wie etwa die Wirkung der Ebbe denken, so verbietet's ihm jener vorhandene Hinweis nicht.

Was das Jonas-Wunder anlangt, so ist es ebenfalls einfach ein Mißverständnis, welches den großen Anstoß und Ansturm erregt. Das ganze Büchlein Jonas ist ein prophetisches Lehrgedicht: es will gar nicht ein historisches Faktum erzählen, sondern durch ein exemplum fictum — gerade so wie die Gleichnisreden Christi — sittlich-religiöse Wahrheit zur Anschauung bringen. Das war jedem Leser der damaligen Zeit völlig klar: denn Niniveh — das wußte Jeder — hat sich niemals zu Jehovah gewendet, hat, so lange es existierte, niemals aufgehört, die heidnische, jehovahfeindliche Stadt zu sein. Darum konnte von den Zeitgenossen des prophetischen Verfassers Niemand ihn mißverstehen, als erzähle er Geschichte.*)

Es mögen auch noch manche andere „Wundergeschichten" namentlich im A. T. anders als wir's von Jugend auf gewohnt sind, zu verstehen sein; wie z. B. die Verwandlung von Mosis Stabe in eine Schlange und der Schlange in den

---

*) Eine ausführliche Darlegung, wie diese Lehrschrift gegenüber der Engherzigkeit des religiösen Bewußtseins auch frommer Israeliten die Erkenntnis zur Geltung bringen will, daß Gott sich auch um die Heiden kümmert, auch diese zu seiner Gemeinschaft beruft, und gegenüber der Befangenheit im Verständnis des Prophetenwortes und seiner Erfüllung die Wahrheit anschaulich macht, daß Gottes Walten sich nach der Menschen Verhalten richtet; eine ausführliche Darlegung dieser Tendenz des Buches ist hier nicht nötig.

Stab wohl nicht als ein physischer Vorgang vor dem leib-
lichen Auge, sondern als eine symbolische Anschauung für das
geistige Auge Mosis gemeint ist. Israel ist diese Schlange;
hingeworfen, losgelassen, droht sie dem Moses, der ihr naht,
Tod und Verderben — aber auf Gottes Geheiß im Glaubens-
mute fest ergriffen, wird sie zum Stabe, den er führt wie er
will und der ihn stützt. Ebenso auch: Israel ist die
aussätzige Hand. Hoffnungslos verloren in Abgötterei
und Sünden, versunken in Stumpfsinn und Sinnlichkeit, un-
heilbar krank, aussätzig am Geiste, so war Israel im Busen
von Ägypten geworden — aber herausgeführt auf Gottes Geheiß, da wird es rein und gesund.

Nun, angesichts solcher Wundererzählungen, von denen
wir erkennen, daß sie nicht als Berichte geschichtlicher Ereignisse gemeint sind, ist es doch verkehrt, wenn Jemand um
irgendwelcher einzelner Wunderberichte willen, die ihm gerade
anstößig und unmöglich erscheinen, sogleich die Ablehnung
aller biblischen Wunder und aller Wunder überhaupt ausspricht.

2. Bei vielen unzweifelhaft geschichtlich zu verstehenden
biblischen Wundererzählungen ist es für Manche ein Anstoß,
daß ein Mensch (sei es Moses, sei es ein Prophet, sei es
Jesus oder ein Apostel) als Vollbringer der Wunderthat da
steht. — Hier hat immer eine gewisse volkstümliche Redeweise, eine gewisse Breviloquenz statt: und um das richtige
Verständnis für das Wunder und für die in ihm zu Tage
tretende Wirkungskraft zu gewinnen, müssen wir diejenigen
Stellen und besonders diejenigen Worte Christi wohl
beachten, die uns darüber einen allgemeinen Aufschluß geben.
Joh. Kap. 11 erbittet Jesus ganz deutlich und vor dem
Volke die wunderbare Wirkung des allmächtigen
Gottes! Ebendasselbe wird auch bei der Heilung des
Taubstummen klar angedeutet, wenn es Mr. 7 heißt: „Er
sah auf gen Himmel, seufzte und sprach . . . ." Besonders
wichtig und Klarheit gebend sind die Worte Jesu Joh. 5, 19:
„Der Sohn kann nichts von ihm selber thun, sondern was

4*

er siehet den Vater thun; denn was derselbige thut, das thut gleich auch der Sohn"; und V. 17: „Mein Vater wirket bis= her" (ἕως ἄρτι = bis hier in unsere Gegenwart hinein). — Es wäre recht heilsam und würde manchen unnötigen, aus Miß= verständnis entspringenden Widerspruch gegen das Wunder und insgesamt gegen das Christentum beseitigen, wenn die Lehrer und die Prediger recht deutlich und oftmals es der Jugend wie der Gemeinde zum Bewußtsein brächten, daß bei jedem Wunder Jesu der allgegenwärtige Gott es ist, durch dessen allmächtigen, alles durchdringenden Willen das geschieht, was Jesus — in hörbarem oder auch in stillem Gebet — erbittet; und er erbittet nichts als was zur Förderung des heiligen Weltzweckes, zur Förderung des Reiches Gottes dient. In jedem Augenblicke erkennt er Gottes heiligen Willen*), und demselben stimmt sein ganzes Leben und Streben zu; darum bittet er niemals Ungöttliches, auch niemals vergeblich. So dürfen und müssen wir auch für alle andern Wunder, auch wo solches nicht ausdrücklich gesagt ist, festhalten, daß Jesus Christus oder wer gerade zum Bau des Gottesreiches be= rufen im Mittel steht, die Wunderhilfe von Gott erbittet und daß es immer Gottes Wirkung ist, wodurch das Wunder geschieht.

Doch kann diese Berichtigung der in christlichen Kreisen weit verbreiteten Auffassung der Wunder noch keineswegs allen Widerspruch beseitigen, der gegen dieselben auch von seiten kirchlich treuer Christen geltend gemacht wird. — Das ganze mensch= liche Denken, die gesamte Weltauffassung, ja das alltägliche wie das philosophierende Bewußtsein bei Menschen jeglicher Bildungsstufe und jeglicher Gesinnung und Gesittung, auch jeder religiösen oder irreligiösen Richtung ist heutzutage mehr als je zuvor von einem allbeherrschenden Gedanken, einer maßgebenden Voraussetzung beeinflußt: das ist die Über= zeugung von dem allgültigen N a t u r g e s e tz. Die Ahnung

---

*) Vgl. auch die obige Stelle bei Johannes V. 20: „Der Vater aber hat den Sohn lieb und zeigt ihm alles, was Er thut" = thun will.

eines solchen gehört zur geistigen Ausrüstung oder Mitgift des Menschen; bei jeder Einzelforschung und Beobachtung wird der Mensch schon von dem unmittelbaren, wenn auch unklaren Bewußtsein einer Naturordnung und Naturnotwendigkeit geleitet; und je weiter er in der Erkenntnis des Naturzusammenhanges kommt, desto stärker und klarer wird auch wiederum dies Bewußtsein. So hat nun der staunenswerte — auch erfreuliche — Fortschritt, den die Naturwissenschaften — namentlich auch mit Hilfe des Experiments — in dem letzten Jahrhundert und besonders in den letzten Jahrzehnten gemacht haben, und damit verbunden die jetzt so übliche — aus sehr verschiedenen Motiven betriebene — Popularisierung der ganzen Naturwissenschaft neben der weiten Verbreitung sachlicher Kenntnis auch die Wirkung im Geistesleben der Kulturvölker hervorgebracht, daß „die Naturgesetze" oder kollektivisch gefaßt: „das Naturgesetz" ungewollt bei Jedermann in jeder Erwägung eines Kausalzusammenhanges irgendwie in Betracht kommt, und wenn es auch nur in der Form eines Protestes wäre, daß Jemand bei einem einzelnen Falle oder bei einer Kategorie von Ereignissen das Walten des Naturgesetzes glaubt ablehnen zu müssen und zu dürfen.

So ist denn der Gedanke, ich darf auch sagen: das Bewußtsein von einem allbeherrschenden Naturgesetz heutzutage für gar Viele, auch für frommgesinnte Christen, eine große Erschwerung des Glaubens an göttliche Wunderwirkungen: für Viele ist es leider sogar ein absolutes Hindernis und gilt ihnen als unwiderleglicher Grund gegen die Wahrheit der biblischen Berichte. — Und doch ist — ohne daß man es merkt — dabei ein logischer Irrtum und ein Mangel an scharf unterscheidender Beobachtung der Wirklichkeit im Spiele.

Man pflegt nämlich ganz zu übersehen, daß die gesamte uns in der Erfahrung dargebotene Wirklichkeit trotz ihres wesentlichen Zusammenhanges doch verschiedene Sphären hat. Drei Sphären der Wirklichkeit sind zu unterscheiden,

von denen jede das allgemeine Kausalverhalten des Wirklichen
in einer besonderen Weise zu eigen hat. Diese drei Sphären sind:

1. die leblose Materie,
2. das organische Leben,
3. die geistigen Wesen.

Alle in unsere Beobachtung und Erfahrung fallenden
geistigen Wesen sind auch organische Wesen; und wiederum
alle organischen Wesen sind aus Elementen der leblosen
Materie aufgebaut. Da ist denn der Irrtum eingetreten, daß
man nicht bloß — ganz mit Recht — alle im Verhalten der
leblosen Materie erkannten Naturprozesse auch in der höheren
Sphäre wieder aufsuchte und wiederfand, sondern daß man auch alle
Vorgänge der höheren Sphäre allein aus den in der niederen
Sphäre erkannten Naturgesetzen erklären zu können oder doch zu
müssen meinte. Darin liegt eine gar irreführende Übereilung. Bei
vorsichtiger und unbefangener Prüfung und Erwägung läßt sich erkennen, daß thatsächlich im organischen Leben doch noch andere
Kräfte wirken als in dem leblosen Stoffe und daß diese
anderen Kräfte gerade die Wirksamkeit der Stoffkräfte, also
das Verhalten der Stoffe eigentümlich modifizieren und
regulieren.*)

Wiederum auch in dem geistigen Leben geschieht gar
Vieles, was durchaus nicht allein aus dem Wirken der
organischen Kräfte oder den bloßen Funktionen der Organismen
zu erklären ist; vielmehr werden die letzteren eigentümlich
geleitet und beherrscht von einer geistigen Energie, von dem
Willen des betreffenden Wesens.

Wenn eine Mutter für den unerwartet hungrig heim-
kehrenden Sohn einen Imbiß zubereitet und darbietet, so
geschieht dabei zwar alles, jede Arbeit, jede Bewegung ganz
entsprechend den in der Körperwelt und auch speziell in dem
lebenden menschlichen Organismus geltenden Naturgesetzen.
Aber diese Naturgesetze allein würden nimmermehr die Ver-
sorgung des Hungernden bewirken; dazu müssen sie eben

---

*) Auf eine fundamentale Verschiedenheit der organischen Kraft
von den Atomkräften ist schon in der Anm. S. 9 hingewiesen worden.

geleitet und beherrscht sein von einem geistigen Agens, dem Willen der fürsorgenden Mutter.

Wenn ein Erzieher in das Verhalten seines Zöglings strafend eingreift, so geschieht zwar jeder Schritt und jede körperliche Bewegung, auch jede Kundgebung der Stimme ganz entsprechend den in der Körperwelt und auch speziell im orga= nischen Leben geltenden Naturgesetzen.   Aber nimmermehr würde das tadelnde Wort oder die strafende Handlung allein aus der jeweiligen physischen und organischen Situation und rein mechanischen und organischen Aktion der Glieder des betreffenden Menschen resultieren.   Vielmehr ist es ein geistiges Agens, der bewußte Wille, der das ganze dabei in Betracht kommende physische Geschehen reguliert.

Wenn ein Ertrinkender um Hilfe ruft und ein todes= mutiger Mensch wagt das Rettungswerk, springt in die Flut, arbeitet sich schwimmend vorwärts und rettet Jenen, so voll zieht sich zwar jede Bewegung, jede Muskelspannung, jedes Auf und Nieder und schließlich das ganze Rettungswerk völlig entsprechend den physikalischen Gesetzen.   Aber allein durch die Wirkung der mechanischen und der organischen Kräfte würde die Rettung nimmermehr begonnen werden, nimmermehr zu stande kommen.   Dazu bedarf es eines geistigen Agens, welches alle die physischen und organischen Körperfunktionen erregt und beherrscht.

In allen diesen Fällen, ja bei jeder beabsichtigten mensch= lichen Handlung, wird das Naturgesetz keineswegs durchbrochen oder außer Kurs gesetzt durch das geistige Agens des mensch= lichen Willens, die Naturkraft bleibt vielmehr in voller Wirk= samkeit.   Andererseits hindert das allgültige Naturgesetz keines= wegs den Eintritt und die Wirksamkeit einer höheren, nämlich geistigen Energie.   Die Wirksamkeit der Naturkraft und die der geistigen Energie schließen einander nicht aus, sondern haben einen ganz eigenartigen inneren Zusammenhang.   Das ist eine einfach anzuerkennende Thatsache.   Das Beherrschende, Leitende, Zielbestimmende ist dabei die geistige Energie.   Sie ist ja nicht absolut bestimmend.   Des Menschen Wille ist von ferne

nicht allmächtig; aber er übt eine bis zu einem gewissen Grade
beherrschende, lenkende Wirksamkeit aus, für welche das natur-
gesetzliche Verhalten des organischen Wesens gerade so empfänglich ist, wie die Elemente empfänglich und zugänglich sind
für die beherrschende regulierende Wirkung der organischen
Energie.

Wer das Verhalten oder die Eigenschaften der leblosen
Stoffe nur in Beziehung zu leblosen Stoffen erforscht und
erkannt hätte, und wenn ihm das bis zur absoluten Vollständigkeit aller Beziehungen und Umstände gelungen wäre,
und ließe dabei die eigenartige Empfänglichkeit ihres Wesens,
ihre eigenartige Fähigkeit für organisches Leben außer acht,
der hätte das Wesen der elementaren Stoffe doch nur einseitig begriffen. Und wer, wie es Viele thun, das in den
Elementen waltende Naturgesetz als eine starre Abschließung
und Unzugänglichkeit gegenüber jeder geistigen Energie auffaßt,
der hat auch nur eine unvollständige, für die Erfahrungsthat-
sachen nicht ausreichende Auffassung von dem Naturgesetze.

Die Unterscheidung der drei Sphären und damit zusammen-
hängend die Erkenntnis, daß die in den niederen Sphären
wirkenden Naturkräfte überall ihre gesetzmäßige Wirkung haben,
auch da wo Beeinflussung von einer höheren Sphäre her ins
Spiel kommt, und daß anderseits die innerste Eigentümlichkeit der Wesen niederer Sphäre wohl zugänglich und empfänglich ist für eine aus geistiger Energie herkommende Direktion
ihrer Wirksamkeit — diese Erkenntnis löst den scheinbar unlöslichen Widerspruch zwischen dem alles beherrschenden Naturgesetz und der souveränen Thätigkeit Gottes, die in jedem sogenannten Wunder und in jeder
besonderen Gebetserhörung, ja in allem Walten göttlicher
Fürsorge, göttlicher Erziehung und göttlicher Heilserweisung wirkt.

So ist denn die Naturordnung keineswegs ein Hindernis, sondern vielmehr Mittel und Weg des persönlichen,
bewußten, absichtsvollen göttlichen Waltens! — Einen Mangel
an lebendigem Gottesbewußtsein (auch einen Mangel an
Schärfe und Klarheit der Weltbeobachtung) bezeichnet es, wenn

so viele immerhin christlich gesinnte Menschen den Begriff
Naturordnung oder Naturgesetz ganz ohne Beziehung auf gött
liches Wirken zu gebrauchen pflegen. Es ist eine heilige,
dringende Aufgabe jedes ernsten Christen, sich selbst und
Andere immer mehr in das Bewußtsein hineinzugewöhnen,
daß das Naturgesetz im letzten Grunde gerade die Ord
nung ist, wie Gott in der sichtbaren Welt wirkt, so
daß in Wahrheit niemals zwischen Gottes Walten und dem
Naturgesetz ein Widerspruch vorhanden sein kann, auch da
nicht, wo unser unvollkommenes Verständnis von Gott und
Welt die Gesetzmäßigkeit und Harmonie nicht erkennt. — Unser
Unvermögen, den Ansatzpunkt göttlicher Wirksamkeit auf die
kreatürlichen Einzeldinge zu erkennen und aufzuzeigen, braucht
uns dabei ebensowenig zu beirren, wie wir uns die unmittel
bare Gewißheit, irgend eine menschliche Handlung aus eigenem
Willensentschlusse zu verrichten, dadurch umstoßen oder zweifel
haft machen lassen, daß uns die Einsicht fehlt, wie und wo
die geistige Energie unseres Wollens auf die motorischen Nerven
einwirkt. Wird doch auch auf dem Gebiete rein äußerlicher
elementarer Vorgänge unsere durch Erfahrung stetigen Zu-
sammengehörens und durch den Zwang unseres Kausalitäts-
bewußtseins hervorgebrachte Gewißheit von dem Kau -
salzusammenhange zweier Erscheinungen (etwa Blitz
und Donner, Reibung und Wärme, u. s. w.) nicht im min-
desten erschüttert durch das Ignoramus, quomodo fiat,
selbst wenn es ein Semper ignorabimus ist.

So können wir eine Naturbetrachtung oder Naturphilo=
sophie, welche, von der großartigen, überwältigenden Ordnung
in der sichtbaren Welt ganz hingenommen, es unterläßt, die Kau
salitätslinien über das Sichtbare hinaus zu verfolgen, nur als
eine unvollständige, einseitige Erkenntnis der Wirklich
keit ansehen; und falls dieselbe ihren noch dazu auf man=
gelhaft unterscheidender Beobachtung ruhenden
und darum unvollkommenen Begriff „Naturgesetz" als Instanz
gegen ein göttliches Walten geltend macht, kann ihr der Vor=
wurf einer vorurteilsvollen Befangenheit, eines

prinzipiellen Irrtums nicht erspart bleiben, mögen
auch ihre Vertreter und ihre Anhänger noch so infallibel sich
dünken und geberden!

Wir sehen hier die Wahrheit des alten Wortes, daß die
Wissenschaft oberflächlich betrieben von Gott abführt, in die
Tiefe dringend aber zu Gott hinführt — eine Wahrheit, die
eigentlich beruht auf der umgekehrt auszusprechenden That=
sache: wenn die Welterforschung mit einem auf Gott gerichteten
Sinne betrieben wird, dann geht sie in die Tiefe, während
sie bei aller Fülle von Einzelwissen oberflächlich bleibt, wenn
der Menschengeist die Spuren des göttlichen Waltens, die
Bezeugungen des alles kausierenden Urgrundes versehentlich
oder geflissentlich ignoriert!

Die theoretischen Hindernisse des Glaubens an Gott und
an sein auf uns gerichtetes Walten, insbesondere an die Ge=
betserhörung, können dem ehrlich die Wahrheit Suchenden
wohl aus dem Wege geräumt werden: aber die Hauptsache
zu einer freudigen und wertvollen Überzeugung, zu einem
wirklichen Gebetsleben ist und bleibt doch die entschlossene und
beharrliche Ausübung selber. Das φιλόλογον oder φιλόσοφον
εἶναι genügt nicht. Πρακτικόν σε δεῖ εἶναι.

5. Giebt es eine geschichtlich fortschreitende Gottesoffenbarung? und insbesondere: giebt es zuverlässige Geschichte im alten Testament?

Wie im 17. und 18. Jahrhundert die sogenannten Deisten und Freidenker, so bestreiten noch heute nicht bloß religionsfeindliche, sondern auch gottesgläubige nachdenkende Menschen jede geschichtliche Gottesoffenbarung und wollen höchstens eine immer gleichmäßige Offenbarung Gottes in der Natur und im menschlichen Gewissen und Herzen gelten lassen. Solche Ablehnung geschieht wohl meistens infolge einer gewissen Aversion gegen die zum Teil mißverstandene biblische und kirchliche Darstellungsform der Offenbarungsberichte. — Wer indessen überhaupt „Religion“, das ist die irgendwie empfundene und bethätigte wirkliche Beziehung des Menschen zu Gott als dem alles kausierenden persönlichen Urgrunde gelten läßt, der kann konsequentermaßen auch in der „natürlichen Religion“ (die alle spezifisch christlichen Offenbarungen und Glaubenssätze beiseite läßt) doch die thatsächliche, geschichtlich sich vollziehende Gottesoffenbarung prinzipiell nicht ablehnen. Denn wo immer eine Wirksamkeit Gottes auf den zum Gottesbewußtsein geschaffenen, erwachenden und erwachten Geist stattfindet, da ist sie für diesen Menschengeist immer auch eine Kundgebung, eine Selbstbezeugung Gottes. Und wer zu dem klaren Bewußtsein der Allwirksamkeit des lebendigen persönlichen Gottes gekommen ist und wer sich in

einen stetigen, nicht bloß äußerlich geregelten, sondern innerlich wahren Gebetsverkehr mit Gott hineingelebt hat, dem ist es
auch eine ganz gewisse Erfahrungsthatsache, daß dem Menschengeiste je nach seiner inneren oder äußeren Lage auch besondere
Kundgebung Gottes zugeht, zwar nicht in hörbaren
Worten einer menschlichen Sprache, nicht in lesbaren Schrift-
zeichen oder symbolischen Bildern am Himmel und auf Erden,
aber doch erkennbar als Wirkung von Geist zu
Geist — sei es eine Erquickung und Belebung des Gemütes,
eine Kräftigung der Liebe und des über das Sichtbare hinaus-
greifenden Glaubens, sei es eine Klärung des religiösen oder
Schärfung des sittlichen Bewußtseins, sei es eine Erregung
eines einzelnen Entschlusses oder Stärkung der Willenskraft,
oder Läuterung der Motive: immer eine besondere Förderung
des innersten Geisteslebens, immer eine zeitentsprechende Wirkung von Person zu Person, also mit vollem Rechte zu
nennen: eine geschichtliche Offenbarung Gottes im
Menschenleben.

Geschichtliche Einzeloffenbarung zu statuieren ist eben
nur die unabweisbare Konsequenz der Erkenntnis einer immer-
währenden persönlichen Wirksamkeit Gottes auf den Menschengeist. Findet solche Wirksamkeit und Selbstbezeugung Gottes
immerwährend statt (wie sie ja schon für die Existenz und
das Leben des Menschengeistes Voraussetzung ist), dann muß
dieselbe auch — trotz ihres immer gleichen, in der Energie
des unveränderlichen göttlichen Liebeswillens liegenden Ursprungs — sich doch darum dem Menschen verschiedenartig darstellen, muß ihn verschiedenartig affizieren, weil sie
den Menschen selbst in sehr verschiedenartiger Geistesver-
fassung findet und berührt. Die Mannigfaltigkeit seiner Geistes-
zustände, seine jeweilig verschiedene Empfänglichkeit, die Fort-
schritte und leider auch Rückschritte seines sittlichen und
religiösen Lebens, auch der wechselnde Inhalt seines äußern
und innern Lebens: das alles bestimmt auch den Eindruck
der göttlichen Kundgebung in der mannigfaltigsten Weise und
bedingt die jeweilige Form derselben.

Wohl strahlt die natürliche Sonne am Himmel immer die gleiche Lichtfülle auf unsere Erde aus; aber ihr Schein ist für die Erde nicht immer und überall der gleiche, sondern verschieden in den einzelnen Jahres= und Tageszeiten, in den verschiedenen Länderstrecken, je nach dem Zustande der über der Gegend liegenden Atmosphäre. Die von der Sonne aus gehende Lichtwirkung (abgesehen von ihren eigenen perio= dischen Zustandsveränderungen, den Protuberanzen und Fackeln und den Flecken) ist immer dieselbe: die auf der Erdober= fläche wahrgenommene Lichtwirkung hinsichtlich der Stärke und Klarheit, der Dispersion und der Färbung wie auch der Wärme u. s. w. sehr verschieden. Die Sonne strahlt eben ihr Licht in den Weltenraum aus, unbekümmert darum, wie es auf den Erdbewohner wirke; sie hat kein innerliches, persönliches Verhältnis zu ihrem Planeten.

Hingegen der Licht und Lebensquell des ganzen Kosmos, der auch alles menschliche Geistesleben gewirkt hat und wirkt, der hat ein innerliches, persönliches Verhältnis zur Menschheit und zu jeder menschlichen Seele, übt seine Wirksamkeit nicht bloß in der Richtung auf den Menschen hin, sondern in ihm selber.

Da ist es denn wohl begreiflich, daß seine Kundgebung nicht bloß einfach mechanisch durch das Medium der kreatür= lichen Wahrnehmung und des kreatürlichen Vorstellens und Denkens hindurchgehend die entsprechende volkstümliche und individuelle, temporale und lokale Art, Gestalt und Färbung annimmt, sondern daß die Liebes= und Offenbarungsthätigkeit Gottes auch selber hinsichtlich ihrer Form und Eigenart absichtsvoll und fürsorglich auf die jeweiligen Zustände und Entwicklungsstufen der offenbarungsbedürftigen Menschenkinder bezogen ist. Es darf auch hier die Wahrheit des schlichten Wortes nicht vergessen werden: „Er weiß ja alles, was Er thut". —

Wem dies nun feststeht, dem werden auch einzelne besonders hervortretende, epochemachende Offenbarungs= afte im Leben des Individuums und im Leben der Völker und der Menschheit nicht anstößig sein. Giebt es doch auch auf dem Gebiete menschlicher Erziehung besondere Stunden, besondere Tage, besondere Epochen und daran sich schließende Perioden! Bei immer gleicher Liebesgesinnung eines Vaters gegen sein Kind, die er diesem täglich in allerlei gleichmäßigen fürsorglichen Handlungen und auch durch schlichte Worte der Mahnung und Aufrichtung kund thut, fehlt es doch auch nicht an besonderen Kundgebungen und Erweisungen der väterlichen Liebe und erziehenden Fürsorge. So hat auch das Leben der Menschheit epochemachende Ereignisse göttlicher Kundgebung und Mitteilung von Geist zu Geist!*)

Solch eine geschichtlich fortschreitende, in Epochen und Perioden von besonderem Charakter sich vollziehende Ge= schichte der Gottesoffenbarung und Geschichte der Religion liegt uns nun auch thatsächlich in der Geschichte der Menschheit erkennbar vor Augen. Freilich ist bei den meisten Völkern die Geschichte nicht etwa schon unter diesem Gesichtspunkte aufgeschrieben und der Nachwelt überliefert worden; sondern erst durch mühsame und scharfsinnige und viel= seitige Forschung ist es möglich geworden, ihre religions= geschichtliche Entwicklung bis zu einem gewissen Grade von Genauigkeit und Sicherheit zu erkennen.

Nur von dem einzigen Volke Israel haben die aus dem Altertum herrührenden geschichtlichen Schriften (wenigstens teilweise) selbst schon diesen Gesichtspunkt.

Bekanntlich sind nun gerade diese Schriften, welche die Geschichte Israels und seiner Vorfahren samt der Urgeschichte der Menschheit unter dem Gesichtspunkte göttlicher Erziehung darstellen, von der Kritik besonders stark angefochten und als unglaubwürdig hingestellt worden. Einerseits ist es wohl eine Abneigung gegen den Inhalt jener alttestamentlichen

---

*) Für diese Sache ist noch immer beachtenswert der jetzt nur selten erwähnte kleine Aufsatz des großen Kritikers Lessing, dem wohl Niemand mystisch=orthodoxe Neigungen oder übertriebene Vorliebe für hergebracht kirchliche Betrachtungsweise vorwerfen wird, das letzte Werkchen seiner Feder: „Die Erziehung des Menschengeschlechts."

Schriften, obwohl dies Motiv nicht ausgesprochen zu werden pflegt; anderseits ist es das Ergebnis einer eingehenden, scharf= sinnigen und unter viel litterarischer Diskussion durch manche Entwicklungsstadien hindurchgegangenen Textkritik, wodurch viele Theologen und Historiker sich genötigt fühlen, jenen Büchern die geschichtliche Glaubwürdigkeit abzusprechen.

Leider werden nun von der anderen Seite, von gar vielen konservativ gesinnten Theologen, die textkritischen Untersuchungen, die zu jener Negation geführt haben, nicht recht gewürdigt; leider unterläßt es mancher Theologe, weil er jene sogenannten „Ergebnisse" der negativen Kritik n i ch t w i l l, sich ernst und gründlich mit der Sache bekannt zu machen und ein selbstän= diges, auf Einsicht gegründetes Urteil zu erstreben. Daher haben sie aber bei ihrem Widerspruch gegen die Kritik wissen schaftlich keinen festen Boden unter den Füßen und geben den Gegnern Anlaß, die „Wissenschaftlichkeit" hochmütig allein für sich in Anspruch zu nehmen; und was noch schlimmer ist, sie berauben sich der Möglichkeit, wirklich vorliegende Irrtümer der Gegner zu widerlegen und so die Wahrheitserkenntnis zu fördern.

Allerdings kann auch einzelnen Vertretern der kritischen Richtung gerade in neuester Zeit der Vorwurf nicht erspart bleiben, daß sie teils durch einen der hohen ernsten Sache unangemessenen Ton ihrer Schriften, teils durch einzelne völlig grundlose, unbesonnene Behauptungen und durch eine unver kennbare Neigung, das Hergebrachte umzustoßen, dem Ansehen ihrer Kritik selber geschadet haben.

Es wäre wahrlich sehr wünschenswert, wenn der Schrecken und Abscheu, den konservative Theologen und Laien vor der Kritik, speziell auch der alttestamentlichen Kritik haben, auf= hörte, damit in ruhiger, leidenschaftsloser und von hüben und drüben gemeinsamer Arbeit die Gewinnung und die Verbrei= tung der wahren Erkenntnis, wie es sich denn eigentlich mit der heiligen Schrift verhält, gefördert werde. — Einem pietätvollen Bibelleser mag es wohl zunächst anstößig sein, wenn er die kritische Behauptung hört, der Pentateuch sei erst zur Zeit des Exils aus mehreren Urschriften, die alle auch erst Jahrhunderte nach Moses geschrieben seien, zusammen gearbeitet. Doch ein naheliegender Vergleich könnte das An= stößige leicht beseitigen. Der Pentateuch ist zu vergleichen einer Evangelienharmonie, einem aus den vier Evangelien zusammengestellten Geschichts= buche über das Leben Jesu, nach der Weise, wie uns viele bekannt sind. Wäre nun bloß eine solche Evangelienharmonie in allgemeinem Gebrauch der Gemeinden und Schulen und wären darüber die vier Urschriften ganz vergessen worden*) und wären sie nicht bloß vergessen, sondern auch die geringe Zahl ihrer Handschriften ganz verschwunden: dann gehörte gewiß eine scharfe Beobachtung dazu, um der allein vor= liegenden Evangelienharmonie ihren eigentümlichen Ursprung anzusehen, und eine ungeheure, schwierige und vielseitige Arbeit, um auch die Zahl und die Eigenart der ursprüng= lichen Evangelien zu erkennen; und es wäre bei solcher Arbeit gar viel Gefahr des Irrtums. Auch viel Meinungsverschieden= heit der beteiligten Forscher würde sich zeigen; und vor allem würde es vielen schriftgläubigen Christen ein großes Ärgernis sein, daß bei all dieser kritischen Arbeit immer vorausgesetzt würde und immer klarer erwiesen werden sollte, daß die einzige wirklich vorliegende wohlbekannte Evangelienharmonie nun nicht — wie man doch bis dahin meinte — zur Zeit der Ereignisse selbst von einem Augenzeugen des Lebens Jesu geschrieben sei. — Die Abneigung der pietätvollen Christen gegen solche Kritik wäre gewiß sehr begreiflich — und doch ist es uns, die wir (Gott sei es gedankt!) nicht bloß zu= sammenfassende Schulbücher, sondern die vier ur= alten Evangelien selber haben, wohl einleuchtend, daß solche kritische Arbeit trotz aller Irrtumsgefahr doch nicht verwerflich, sondern um der Wahrheitserkenntnis willen gut wäre und als ein heilsames Bemühen zu erachten. — Nun, so sollten sich

---

*) Was ja in Wirklichkeit wenigstens beinahe der Fall gewesen ist gegen Ende des Mittelalters.

denn auch die schriftgläubigen Leser des Alten Testamentes
an der hier getriebenen Zerlegungs= und Gruppierungsarbeit
nicht ärgern, noch beunruhigen!

Noch eine andere Erwägung dürfte zur Klärung und
Verständigung beitragen. Es ist durchaus zu unterscheiden
zwischen den textkritischen Ergebnissen (auch sofern es wirklich
„Ergebnisse" sind) und den daraus gezogenen geschichtlichen
Folgerungen. Selbst wenn es festgestellt ist, daß der Pen=
tateuch aus mehreren Urschriften komponiert ist, und daß der
sogenannte „Priesterkodex", den wir für den ältesten Bestand=
teil gehalten, in Wahrheit die späteste dieser Urschriften und
erst in der Zeit des Exils geschrieben ist, und daß auch die
ältesten nicht einmal bis in die Zeit der ersten Könige hin
aufreichen, so ist durch dies „Ergebnis" noch keineswegs
die von manchen Kritikern (besonders auch von Wellhausen)
behauptete Unglaubwürdigkeit der darin enthaltenen ge=
schichtlichen Nachrichten dargethan. Vielmehr ist bei solcher
Sachlage zur Erforschung der weit hinter den Quellschriften
zurückliegenden geschichtlichen Thatsachen erst eine Prü=
fung 1. der jenen vorangegangenen mündlichen Über=
lieferung und 2. ihres Verhältnisses zu den Quell=
schriften notwendig. Diese Prüfung zu unterlassen und ohne
weiteres den ganzen Inhalt der „Sage" als „sagenhaft" und
darum unglaubwürdig anzusehen — das ist ein unwissen=
schaftliches Verfahren. Leider werden auch ausdrückliche
Erklärungen besonnener Kritiker auf diesem Gebiet viel zu
wenig beachtet, wie z. B. wenn Kautzsch in seinem vortreff=
lichen, kurzen und klar übersichtlichen — namentlich zur
Orientierung höchst empfehlenswerten — „Abriß der Geschichte
des alttest. Schrifttums" (d. Anhang seiner Übersetzung des
A. Test.) S. 138 sagt: „Nach alledem werden wir den größten
Teil des von den alten Quellenschriften im Pentateuch und
Josua gebotenen Stoffes auf Rechnung thatsächlicher Über=
lieferung aus der vorlitterarischen Periode zu setzen haben."
Leider wird es weit mehr beachtet und gern noch verall=
gemeinert, wenn andere Kritiker Äußerungen in entgegen=

gesetztem Sinne fallen lassen.*) Allerdings dürfen wir uns der Einsicht nicht verschließen, daß die mündliche Überlieferung Trübungen und Entstellungen noch leichter als die Schrift= werke erfahren konnte und auch erfahren hat. Ja wir haben dafür sogar in einem einzelnen Falle einen ethischen Be= weis, der auch für schlichte Schriftleser ohne kritische Bildung und Neigung einleuchtend sein wird. Der angebliche Befehl Jehovahs, die Israeliten sollten ihren ägyptischen Nachbarn goldene und silberne Gefäße durch eine falsche Vorspiegelung entwenden, steht in klarem Widerspruche zu dem Gebote Gottes: du sollst nicht stehlen; du sollst nicht falsch Zeugnis reden; du sollst nicht begehren . . . was dein Nächster hat. Mag es auch thatsächlich vorgekommen sein, daß Israeliten so verfuhren, so war es doch nimmermehr ein Befehl des heiligen Gottes. Wenn nun solches als von Gott geboten und von Gott gesegnet dargestellt wird, so ist das eine Trübung, eine Entstellung der geschichtlichen Wahr= heit, wofür die Ursache in dem begehrlichen und gehässigen Sinne des sündigen Volkes zu suchen ist. Das sollte einfach anerkannt und nicht durch gutgemeinte Auslegungskünste ver= deckt oder durch künstliche Beleuchtung beschönigt werden.

Trotzdem wäre es ganz verkehrt, der mündlichen Über- lieferung oder „Sage" wegen solcher Trübungen und Mängel und insgesamt wegen ihrer nachbarlichen Beziehungen zur Poesie alle Glaubwürdigkeit abzusprechen und sie mit all ihrem Inhalt selber einfach für Dichtung zu erklären.

Daß die alten Volkssagen einen geschichtlichen Kern haben und wohl zu unterscheiden sind von den sogenannten „Mythen", den theosophischen und philosophischen Dichtungen, das hat man jetzt in der profanen Forschung längst erkannt, z. B. in Bezug auf die altgriechischen und die altdeutschen Heldensagen.

----

*) Wie z. B. Kuenen in seiner „historisch=kritischen Einleitung in die B. des A. Test." von der über Mosis und Josuas Zeit vorliegenden Überlieferung gelegentlich sagt: „Diese ist, um es kurz zu sagen, durch und durch unhistorisch." — Übers. v. Weber S. 41.

Wer die immanente Kraft und Treue der mündlichen Überlieferung und ihre Bedeutung fürs Leben der Alten nur nach den modernen Verhältnissen schätzen wollte, der würde sehr irren. Wie war doch ehemals der ganze Inhalt des Denkens und des Wissens, auch der täglichen Beziehungen und Geschäfte so überaus einfach und begrenzt. Solche Einfachheit und Enge der Gedanken und Interessen erhöht natürlich die Wichtigkeit und verstärkt die feste, treue Bewahrung des im Geiste Aufgenommenen und sichert seine Weitergabe an das nachwachsende Geschlecht. Dazu kam, daß das Interesse für die eigenen Vorfahren noch weit größer war und einen viel mehr persönlichen Charakter trug, als es bei unserem mehr universell und weltbürgerlich gearteten Geschichtsbetriebe sein kann. — Unter anderm bezeugt sich die Treue der Überlieferung der Stammesgeschichte in besonderer Weise durch die Thatsache, daß auch manche recht ungünstigen, auch nach der Anschauung jener Zeit durchaus nicht rühmlichen Züge aus dem Leben der Vorfahren berichtet werden.

Neben diesen allgemein gültigen Umständen kommt für die Beurteilung der geschichtlichen Treue gerade der alttestamentlichen „Sagen" noch dies in Betracht, daß die festgewordene Darstellung derselben im Unterschiede von den Heldensagen des phantasievollen und redefrohen Griechenvolkes offenbar nicht zu freudebringender Unterhaltung und rein menschlicher Ergötzung, sondern zu schlichter Mitteilung und Belehrung gedient hat. Diese Belehrung war gewiß teilweise von Anfang an schon auch sittlich religiöser Art, jedenfalls ist sie es sehr stark in der uns vorliegenden Form.

Auf ein sehr beachtenswertes Anzeichen von geschichtlicher Thatsächlichkeit, das die Vermutung ursprünglicher Erdichtung einfach ausschließt, möge hier noch hingewiesen werden. Das ist die individuelle Charakterzeichnung bei den Hauptpersonen der israelitischen Vorgeschichte. Individuelle Charakterzeichnung kann in jenen Zeiten, wo die Sagen entstanden und fortgepflanzt sind (auch in den Zeiten noch, wo sie aufgeschrieben und endlich auch die Quellen zusammen-

5*

gearbeitet sind), nur auf geschichtlicher Wirklichkeit ruhen — einfach deshalb, weil eine freie, selbständige, dichterische Kon= zeption solcher individuellen Charakterbilder eine Entwick= lungsstufe der Dichtkunst voraussetzen würde, wie sie in Israel bis zum Exil, ja in der ganzen alttestamentlichen Zeit nie erreicht worden ist.

Um dies Moment richtig zu würdigen, werfen wir einen Blick auf den Entwicklungsgang der schildernden und charakte= risierenden Dichtkunst bei andern Völkern. Am vollständigsten und reichhaltigsten liegt uns derselbe bei den Griechen vor Augen. Eine freischaffende Charakterzeichnung beginnt erst im Drama, und zwar sind es, wie deutlich zu erkennen ist, zunächst immer nur wenige Hauptzüge, womit der Dichter seine Personen zeichnet. Die Zeichnung der Helden ist bei Aeschylus, bei Sophokles, auch Euripides durchaus scharf und klar, aber sie ist wenig ausführlich. Des Aeschylus Charaktere sind vergleichbar den ersten großen Umrissen, die ein genialer Maler mit Kreide oder Kohle auf den Karton hinwirft: klar und deutlich, aber noch ohne spezielle Aus= führung. Die Charaktere bei Sophokles sind vergleichbar einem klar und schlicht gezeichneten Holzschnitte, wo mit wenigen bedeutsamen Linien ein eigentümliches Bild gegeben wird, wohl charakteristisch, aber noch ohne jene individuelle Ausführung und Nüancierung, die einem farbigen Gemälde eigen ist. Erst in der neueren dramatischen Kunst, wesentlich seit Shakespeare, findet sich jene Fülle von Individualität, welche wir jetzt vom Dramatiker verlangen.

Anders finden wir es in der epischen Poesie, soweit sie auf der Sage ruht. Die Sage selbst bot von der ge= schichtlichen Wirklichkeit her die individuellen Züge schon dar. Darum haben wir auch z. B. in der Ilias eine Reihe von ganz individuell gezeichneten Persönlichkeiten. Das ist nicht freie Schöpfung eines Dichters, sondern geschicht= liches Erbe, darum auch von verschiedenen Dichtern in den verschiedenen Gesängen gleichmäßig bewahrt und festgehalten. Agamemnon anders von Charakter und Eigenart als Mene=

laus; Diomedes ganz eigenartig und weit verschieden von Odysseus: Nestor und Achilles keineswegs nur durch die Altersstufe von einander und von den übrigen verschieden. Und so beharren diese individuellen Charakterbilder auch in den Gesängen, die ganz sicher nicht von dem ersten Dichter herrühren. Gewiß sind viele Helden und Heldennamen von den Dichtern oder Rhapsoden frei erfunden, aber gerade diese entbehren denn auch der individuellen Ausführung.

Es wird nun kein Verständiger behaupten, daß die in der Ilias erzählten Thaten jener individuell charakterisierten Helden im einzelnen geschichtliche Wahrheit seien; aber ebenso wenig darf man sie selber und ihre Charakterbilder einfach als Erfindung der Dichter ansehen. Das hieße jenen Rhapsoden eine Kunstleistung zutrauen, welche erst Jahrhunderte später von genialen Dichtern in allmählichem Fortschritt erreicht ist.

Hiernach wird es einleuchtend sein, daß auch die indivi-duellen Charakterbilder der alttestamentlichen Patri-archen nicht Dichtung, sondern Erinnerung aus jenen alten Zeiten sind.

Eine Bestätigung erhält dies Argument durch die beiden im A. Test. vorhandenen dramatisch = epischen Dichtungen, welche uns zeigen, wie eine auch schon sehr reflektierende di-daktische Dichtung, die auch keineswegs an Gedankenarmut leidet, durchaus noch keine individuelle Charakterzeich-nung hat. 1. Das Buch Jonas und 2. das Buch Hiob. So viel wir auch aus Hiobs Munde hören, von seinen Lei den, von seinen Gedanken und Anfechtungen, so viel auch seine Freunde reden und am Schlusse von seinen Erlebnissen mit-geteilt wird: eine individuelle Charakterzeichnung wird uns nicht von ihm gegeben. Ebensowenig von Jonas.

Werden wir nun so durch die Individualität der Cha rakterzeichnung in der Patriarchengeschichte zu der Erkenntnis geführt, daß der Inhalt der alten mündlichen Überlieferung nicht ein Produkt dichterischer Phantasie, sondern Geschichte war, so brauchen wir über Einzelnes nicht in

Unruhe zu sein. Daß die einzelnen Worte, daß die einzelnen Erlebnisse so zu sagen protokollarisch genau aufgezeichnet seien, werden wir weder behaupten, noch verlangen. Daß auch eine gewisse dichterische Freiheit bei der Wiedergabe der ursprüng- lichen Erinnerung gewaltet hat, ist selbstverständlich und er- giebt sich auch deutlich aus der Vergleichung der Parallel- stellen.

So konnte es auch vorkommen, daß einzelne Thatsachen in verschiedener Weise weiter erzählt wurden und daraus dann gewisse Parallelgeschichten entstanden, die weiterhin als verschiedene Geschichten angesehen wurden.*)

Nach alledem werden wir die in der mündlichen Über- lieferung bis zur schriftlichen Aufzeichnung in den einzelnen Quellschriften enthaltenen Lebensbilder der Patriarchen, wie auch des Moses im wesentlichen als G e s c h i c h t e anerkennen müssen.

An dieser Stelle sei auch noch ein einzelnes Erkennungs- zeichen h ö c h s t e n Altertums erwähnt, das gleichsam wie der Stempel auf dem Bruchstücke eines alten Ziegelsteines einen Schluß auf die Entstehungszeit ermöglicht. Das ist die An- gabe über die vier Flüsse und die von ihnen umflossenen oder begrenzten Länder: Genesis 2, 11--14.

Diese Worte, die selbstverständlich gleich ursprünglich zu einer Paradieses und Menschheitsgeschichte gehört haben müssen — denn ohne solche Zugehörigkeit hätten sie ja über- haupt keinen Sinn gehabt —, können n i c h t herstammen aus einer Zeit, wo man bereits eine klare und richtige geographische Kenntnis von den in Betracht kommenden Ländern hatte. Ja selbst wenn sie, wie einige Kritiker meinen, wirklich von einem späteren Redaktor in den jetzigen Zusammenhang ein-

----

*) Ähnlich verhält es sich wohl in Jesu Leben mit der Heilung des einen Blinden bei Jericho und der Heilung der beiden Blinden bei Jericho. — So darf man denn wohl zweifelhaft darüber sein, ob nicht vielleicht Abrahams Aufenthalt bei Pharao (Gen. 12) und der bei Abi- melech (Gen. 20), ja vielleicht auch Isaaks Besuch bei Abimelech (Gen. 26) im Grunde identisch seien.

gefügt wären, so könnten sie doch nicht dessen eigene
Erfindung sein, weil sie eben mit der in späterer Zeit den
Israeliten wohlbekannten Wirklichkeit nicht übereinstimmen,
sondern er müßte sie aus einer alten ihm bekannten Überlieferung hergenommen haben. Auf jeden Fall zeigen diese
Worte, daß im Stamme Israel bereits damals, wo ihm von
den großen Flüssen nur der Phrat und der Chidekel bekannt,
die andern beiden aber ihm nur von Hörensagen bekannte,
fabelhafte Ströme waren, d. h. in frühester Patriarchenzeit
bereits eine mündliche Stammes-Überlieferung und Mensch-
heits-Geschichte existierte.

Nun ist es aber noch eine wichtige Frage, wie sich
denn die uralte mündliche Überlieferung zu den im
Pentateuch verarbeiteten Quellschriften verhält; ob
sie bei der schriftlichen Fixierung und Zusammenstellung im
wesentlichen treu und unverändert geblieben oder beträchtlich
umgestaltet worden ist.

Daß unter dem Einfluß der namentlich im Priesterkodex
unverkennbar vorliegenden „Tendenz" auch hier und da
die vorgefundene Überlieferung gewisse Modifikationen und
Ausbildungen erfahren hat, dürfte von vornherein wahrscheinlich sein und läßt sich in einzelnen Punkten nachweisen. Trotzdem aber stimmt auch sogar in dieser letzten Quellschrift das
Lebensbild der Patriarchen noch überein mit dem der ältesten
Quellschriften. Namentlich kommt als ein wichtiges Zeichen
der Zurückhaltung der späteren Autoren und der rela-
tiven Integrität der Überlieferung bis in die allerspäteste
litterarische Darstellung hinein eine Thatsache in Betracht,
die in dieser Beziehung meistens unbeachtet zu bleiben pflegt,
nämlich folgende:

In Bezug auf die geschichtliche Erzählung trägt sogar
der Priesterkodex den Charakter großer Objektivität und
auffallender Reinheit von späteren im religiösen Leben
bedeutsamen Elementen. Die geschichtliche Überlieferung muß
auch für den Tendenzschriftsteller eine gewisse altersfeste
Unantastbarkeit gehabt haben, die es ausschloß, daß solches

hineingedichtet wurde, was dem Charakter der alten Zeit und dem Gesamtbilde ihrer Personen widersprochen hätte. So ist z. B. nirgends in der Patriarchengeschichte der Gedanke einer Wiederbelebung und eines bewußten persönlichen Lebens nach dem Tode bemerkbar, der doch (wie Hosea 13, 14 und Jesaias 26, 19 und Ezechiel 37 bezeugen) thatsächlich schon vorhanden war in den Zeiten, wo die mittleren und jüngsten Quellschriften des Pentateuchs entstanden. Wiewohl es nicht an Veranlassungen gefehlt hätte, der Gedankenwelt der Patriarchen, ihrem Hoffen und Wünschen, sowie den an sie gerichteten Verheißungen Jehovahs eine solche Beziehung zu geben, so ist doch davon keine Spur vorhanden. — Auch die dem Verfasser des Priesterkodex doch so sehr am Herzen liegende Sabbathsruhe ist nirgends in das Leben Abrahams und der andern Patriarchen hineinverwoben worden.

An solchen Einzelheiten läßt sich die spröde Festigkeit der Überlieferung, die Fremdartiges ausschließende Kraft des Ursprünglichen erkennen.

Nach alledem dürfen und müssen wir die im Pentateuch uns vorliegende Vorgeschichte Israels der Hauptsache nach für zuverlässige geschichtliche Erinnerung halten und können den geistreichen Behauptungen einer ebenso unkritischen wie überkritischen Geschichtskonstruktion nicht beipflichten.

Es ist wohl richtig, wenn man sagt: Abraham ist „der „Typus" eines frommen Nomadenfürsten"! aber es ist durchaus falsch, zu meinen, er sei nur „Typus" eines solchen und keine geschichtliche Persönlichkeit. Vielmehr ganz sicher hat ein Abraham gelebt; sein ursprünglicher Name „Abram" heißt „hoher Vater" — Stammvater. Und selbstverständlich hat Israel einen Stammvater gehabt, einen Vorfahren auch in der Zeitperiode, wo am semitischen Gesamtstamme der Zweig der Israeliter und der Zweig der Ismaeliter (oder Araber) zuerst von einander sich schied. Nun

hat von dem damaligen Vorfahren oder gemeinsamen Stamm=
vater beider Stämme die alte ernste schlichte Sage oder
mündlich fortgepflanzte Volkserinnerung in Israel noch etwas
mehr festgehalten, als bloß das äußerliche Leben und Wander=
erlebnisse eines Nomadenfürsten. Sie hat festgehalten, was
in seinem Leben wirklich eine Hauptsache, ja die Hauptsache
seines Lebens gewesen ist: die klarbewußte, innige Ge=
meinschaft mit dem einigen ewigen Gotte! Sie hat
festgehalten, wie er vor Andern mit aufgeschlossener, empfäng=
licher, gottbezogener Seele den Kundgebungen und Weisungen
des ihm von den Vätern her bekannten einigen Gottes lauscht,
wie er gehorsam und vertrauensvoll ihm folgt und anhängt,
wie er in einer Lebensschule des Glaubens und Hoffens und
des Gehorsams sich bewährt und reift und zunimmt auch an
heiliger Erkenntnis. Sie hat festgehalten Allgemeines und
Einzelnes, u. a. auch die Tage seiner schmerzlichsten und ge=
segnetsten Prüfung, wo Gott es ihm auferlegt und gegeben
hat, zu erleben und zu erkennen, daß trotz der unendlichen
Verpflichtung, die ein frommes und doch sündiges Menschen=
herz gegen den heiligen und gütigen Gott hat und fühlt, nur
das Herzensopfer, nicht aber ein blutiges Menschenopfer dar=
gebracht werden soll — eine heilig ernste Erfahrung, die auch
als ein Erbsegen von größter Bedeutung auf sein Geschlecht
gekommen ist. Denn es ist doch eine merkwürdige Thatsache,
daß in Israel trotz des hier hervorragend starken und klaren
Bewußtseins der menschlichen Sündhaftigkeit und absoluten
Verpflichtung dem heiligen großen Gotte gegenüber dennoch
die bei andern Völkern üblichen Menschenopfer niemals
zum legitimen Jehovah Cultus gehört haben, sondern
daß trotz ihres vereinzelten Vorkommens und trotz zeitweiliger
heidnischer Verirrungen doch das Bewußtsein herrschend ge=
blieben ist: Menschenopfer sind Gott ein Greuel.

Wer in Übereinstimmung mit den obigen allgemeinen
Erörterungen anerkennt, daß die unabweisbare reale Beziehung
des alles kausierenden Gottes zu dem Menschengeiste, die
immer auch eine absichtsvolle Selbstbezeugung, also Offen=

barung Gottes ist, in ihrer Form und ihrem Umfange dem
jeweiligen Geistesstande des in geschichtlicher Entwicklung
stehenden Menschen entspricht: der hat auch keinen Grund,
sich gegen die in Abrahams Geschichte erkennbaren
Offenbarungsakte Gottes zu sträuben.*) — Ebenso ist denn
auch das Urteil der negativen Kritik über die Person und das
Werk des Moses durchaus unhaltbar. Wellhausen spricht
ihm im Grunde jede Bedeutung ab; von einer reformatorischen,
gesetzgeberischen, sittlich-religiös konstitutiven Thätigkeit bleibt
ihm keine Spur. Mit einer erstaunlichen Naivität zeigt sich
Wellhausens Willkür und Lust zum Verneinen z. B. in der
Behauptung: wenn auch vielleicht wirklich Steine in der
Bundeslade gelegen, so sei doch sicherlich nichts darauf ge=
schrieben gewesen! Findet er — und zwar mit Recht — in
jener uralten einstimmigen Überlieferung von der Bundeslade
mit den Steintafeln ein Zeichen geschichtlicher Thatsache, so
müßte ihm doch mehr noch als jener einzelne Zug der Über=
lieferung die gesamte übereinstimmende Überlieferung von
Mosis geschichtlichem Werk beachtenswertes Gewicht haben.
Die Thatsache solcher Überlieferung selbst muß ein
kritischer Geschichtsforscher doch in Betracht ziehen! Dieselbe
ist gar nicht anders zu erklären als aus geschicht=
licher Erinnerung! Mögen auch, wie schon erwähnt ist,
manche Einzelheiten in Mosis Geschichte ungenau überliefert
und mehr dichterisch als geschichtlich zu verstehen sein: die
Person und das Lebenswerk dieses „Moschäh" (d. h.
„Herausführers")**) kann nicht Erfindung späterer
Jahrhunderte sein! Wenn eine große geschichtliche Per=
sönlichkeit vorhanden ist, die mächtig eingegriffen in die
äußere oder innere Entwicklung eines Volkes, dann kann der=
selben auch wohl noch manches angedichtet werden; dafür

---

*) Die dem kindlichen Menschheitsalter entsprechende Form der
Kundgebung und auch die Form ihrer alttestamentlichen Darstellung
wird den nicht beirren, der bei alledem die Hauptsache, d. h. die plan=
volle göttliche Pädagogik im Auge behält.

**) Ob derselbe noch einen andern Namen gehabt, erfahren wir nicht.

giebt es Beispiele überall und auch in der deutschen Geschichte. Aber unerhört und undenkbar ist es, daß die Volkssage eine große gewaltige Persönlichkeit erfindet und hinstellt an eine leere Stelle der Geschichte, an die überhaupt keine bedeutende Erinnerung angeknüpft war!

Wie verhält es sich nun mit seiner Gesetzgebung?

Das ist ja klar zu erkennen, daß die Verfasser jener Quellschriften des Pentateuch dem Moses auch spätere Gesetzesvorschriften in den Mund gelegt haben, die nicht aus seiner Zeit herrühren.*) Damit haben jene Schriftsteller keineswegs absichtlich einen Betrug begehen wollen. Hatten sie das Bewußtsein, daß die betreffenden Vorschriften zum notwendigen Ausbau und Weiterbau der mosaischen Gesetzgebung gehörten, so ist über die gewählte Form der Verkündigung, über die Einkleidung derselben und ihre Einfügung in Mosis Leben nicht mit ihnen zu rechten: wir dürfen ihr Verfahren nicht nach unseren litterarischen Rechtsbegriffen beurteilen, sollen es lieber zu verstehen suchen, entsprechend der auch bei uns noch üblichen und Allen wohlverständlichen Freiheit der mündlichen Rede, wonach auch heutzutage ein christlicher Prediger wohl einmal dem Herrn Christus direkte Worte an die Hörer in den Mund legt, die der Herr wohl sprechen könnte, wenn er gegenwärtig zu ihnen redete, die er aber nicht gesprochen hat.

Eine ganz unkritische Übereilung aber ist es, um dieser Thatsache willen nun dem Moses überhaupt jede Gesetzgebung abzusprechen.

Selbst der Umstand, daß während der Richter und Königszeit das Gesetz, insbesondere der Dekalog nirgends erwähnt wird, beweist noch keineswegs sein Nicht vorhandensein. Sicherlich hat Moses einen Dekalog gegeben; und wenn derselbe in der wirren, wilden Zeit der Richter und auch noch lange in der Königszeit vergessen und um

---

*) Eine recht klare und im ganzen wohlzutreffende Darlegung der einzelnen „Schichten" der Gesetzgebung giebt Wellhausen in den „Prolegomena z. Geschichte Israels."

gelesen blieb, so ist ihm damit nur dasselbe begegnet, was später dem Evangelium von der Gerechtigkeit aus dem Glauben Jahrhunderte lang im Mittelalter von den berufenen Vertretern der Kirche widerfahren ist. Um so leichter aber konnte der Dekalog ganz unbeachtet daliegen, als damals die allerwenigsten Israeliten des Lesens kundig waren.*)

Den Dekalog für unmosaisch erklären, das heißt seine großartige grundlegende Bedeutung verkennen! Wer den Dekalog geschrieben hat — ohne göttliche Erleuchtung war's nicht möglich! —, der muß einen tiefen Blick in die göttliche Weltordnung gehabt haben, ein tiefes Verständnis für die wahre sittlich-religiöse Grundlage eines jeden gesunden Volkslebens: der muß auch selbst ein hervorragender reformatorischer Mann gewesen sein. Und wer soll's nun gewesen sein?! Irgend ein verborgener schüchterner Mensch? Irgend ein stiller unbekannter Denker? Nein, mindestens ein großer geistesmächtiger Prophet!

Nun, die großen geistesmächtigen Propheten in der Geschichte Israels kennen wir. Aber von keinem derselben wird uns solche That auch nur angedeutet. Jedenfalls hätte derselbe doch die fundamentale Bedeutung eines solchen Ausdruckes von Gottes Willen selbst erkannt und hätte ihn sicherlich ins Volk hinausgerufen! und das wäre die wichtigste, denkwürdigste That seines Lebens gewesen, die auch in der Erinnerung hätte haften und in der Geschichte hätte erwähnt werden müssen! Aber bei keinem der großen Männer in der Geschichte Israels ist eine Spur von solcher konstitutiven That. Wohl findet sich ein Reformversuch bei Hiskias und bei Josias; aber gerade

---

*) Gegen eine schriftliche Aufzeichnung selber spricht übrigens dieser noch unlitterarische Kulturzustand des damaligen Volkes keineswegs. Denn auch wo nur Wenige in einem Volke die Kenntnis des Lesens und Schreibens besitzen, werden doch die wichtigsten Rechtsgrundsätze schon schriftlich fixiert für alle Zukunft. Als das junge Volk der Römer noch auf sehr niedriger Stufe der Schulbildung stand, längst vor Beginn seiner Litteratur, wurden doch die Gesetze, die man in Anlehnung an reifere Kulturvölker für Rom aufstellte, auf Tafeln geschrieben.

Diese Bestrebungen einer sittlichen und religiösen Reinigung des Volkes haben zur Voraussetzung schon das Bewußtsein von einer altverpflichtenden Gottesordnung.

Sonderbarer Weise ist hier nun noch ein Problem ganz ernstlich aufgeworfen, das kaum Anspruch darauf hat, ernst genommen zu werden, nämlich die von Goethe angeregte Frage, ob nicht statt Ex. 20 vielmehr Ex. 34 die ursprüng= liche Gestalt des Dekalogs zu finden sei. Es giebt moderne Kritiker, die das in der That annehmen. — Bekanntlich ent= sprechen sich inhaltlich in den beiden Kapiteln 1. das Verbot außer Jehovah noch andere Götter anzubeten; 2. das Verbot, hier von allem Bilderdienst, dort von gegossenen Bildern; 3. das Gebot, den Sabbath durch Arbeitsruhe zu heiligen.

An Stelle der anderen religiösen und sittlichen Gebote in Ex. 20 stehen Ex. 34 die Gebote: das Fest der un= gesäuerten Brote zu halten; die Erstlinge der Herde dem Herrn darzubringen; dreimal jährlich sollen alle Männer vor dem Herrn zusammenkommen; die Opfer sollen nicht zu un= gesäuertem Brot geschlachtet werden; das Passahopfer soll nicht bleiben bis an den Morgen; die Erstlinge von den Früchten sollen in das Haus des Herrn gebracht werden; das Böckchen, das noch an der Milch seiner Mutter ist, soll nicht gekocht werden (oder: „nicht in seiner Mutter Milch").

Es fehlen also in Ex. 34 die ethischen Gebote, die gerade für das gottgefällige Leben die Hauptsache sind; dafür stehen dort rituelle Vorschriften, die gewiß nicht als notwendige Vorschriften für das Leben gelten können. Ein Gesetzgeber, der auf dieser Grundlage den „Bund" zwischen Gott und dem Volke (vgl. Ex. 34, 27) gegründet wissen will, muß doch wohl befangen gewesen sein in einer Überschätzung des ge= botenen Ritus. Grundlage einer geistigen Erneuerung des Volkes ist dieser wesentlich rituelle Dekalog nicht gewesen. Selbst die drei zuerst genannten religiösen Gebote haben in jenem Zusammenhange von ihrer ursprüng= lichen Macht und Bedeutung ein wenig eingebüßt: das Sabbathsgebot hat nicht mehr die ursprüngliche Dringlichkeit;

Das Verbot des Bilderdienstes nicht mehr jene Ausnahms=
losigkeit; das erste Gebot, keinen andern Gott anzubeten, nicht
mehr die herzandringende Begründung aus der unmittelbaren
jüngsten Erfahrung. So ist auch bei diesen drei Geboten
wenigstens in dem Ausdrucke eine gewisse Abschwächung be=
merkbar. Solch eine z. T. minderwertige Wiedergabe ist auch
wohl begreiflich von der Hand eines kultuseifrigen Mannes,
der — gleich seinem Volke — wohl noch etwas weiß von
einem uralten heiligen Gesetze, der zehn Worte, aber die Worte
selbst zum größten Teile nicht mehr überkommen hat.

Umgekehrt hingegen wäre es gar nicht zu ver=
stehen, wie ein so unsystematisch geordnetes und aus ganz
ungleichartigen und ungleichwertigen Elementen bestehendes
dekalogisches Gesetz im Volksbewußtsein und in der
Volkserinnerung je solches Gewicht hätte er=
langen und behaupten können, daß nach Jahr=
hunderten ein reformatorischer Mann (nämlich der Gesetz=
geber von Ex. 20) sich veranlaßt sehen könnte, nicht bloß das
geistig Wertvolle daraus zu entnehmen, sondern sogar das
dekalogische Schema für seine sittlich=religiöse Gesetzgebung
beizubehalten oder besser gesagt: wieder aufzunehmen.

So werden wir gerade durch die Vergleichung von Ex. 34
mit Ex. 20 und durch die einzigartige Weisheit und tiefe Er=
kenntnis der moralischen Weltordnung, die in Ex. 20 vorliegt,
dahin geführt, dies Gesetz als das ursprüngliche und von dem
großen Reformator Moses herrührende anzusehen. Diese An=
nahme streitet gar nicht mit der litterarhistorischen Zuweisung
des Abschnittes Ex. 20, 1—17 zu dieser oder jener Quell=
schrift, sobald man nur im Bewußtsein behält, daß in diesen
Quellschriften sehr viel alte Überlieferung enthalten ist.

Das Gesetz hängt nun innerlich und auch nach dem
Wortlaut der Schrift aufs engste zusammen mit dem so=
genannten „Bunde“ zwischen Gott und Israel.

Nach dem Priesterkodex ist die mosaische Bundschließung
eine Erneuerung und Ausgestaltung des schon früher von
Gott mit Abraham und noch früher mit Noah geschlossenen

„Bundes". (Gen. 9, 9 u. 17, 1 ff.) Diese Darstellung wird nun von Wellhausen u. A. als tendenziöse und ungeschicht liche Konstruktion des betreffenden Autors angesehen. — Daß indessen für das thatsächliche innige Gemeinschaftsverhältnis der Patriarchen, insbesondere Abrahams mit Gott die aller= größte Wahrscheinlichkeit vorliegt, ist schon oben nachgewiesen worden. Ob freilich dasselbe auch damals schon mit dem Namen „Bund" bezeichnet worden ist, könnte noch zweifelhaft sein. Wäre es nicht der Fall, so würde, falls nur that sächlich ein dem „Bunde" entsprechendes Gemeinschaftsver hältnis vorlag, es noch immer keine Fälschung zu nennen sein, wenn der Priester oder das später üblich gewordene Wort „Bund" auch schon für frühere Perioden gebraucht hätte.

Überdies ist es eine unberechtigte Behauptung, wenn man diesen Namen und Begriff einfach für eine Erfindung jenes späten Autors erklärt. Bei Hosea — also lange vor Ab fassung des Kodex P — liegt Name und Begriff unzweifel haft vor: vgl. Kp. 8, 1. Diese Stelle für unecht zu erklären, wie Wellhausen thut, ist einfach Willkür; und in dem dort gebrauchten Bilde von der Ehe liegt ja auch der Begriff des „Bundes". — Wie wir nun in der ganzen Geschichte Israels von Moses her keinen geistesmächtigen Propheten oder König haben, der den Dekalog gegeben haben könnte, so findet sich auch keiner, der als menschlicher Stifter oder Vermittler des Bundes gelten könnte; denn solche That hätte eine epoche machende Bedeutung und darum auch einen Nachklang in der Volkserinnerung gehabt! Und die nachklingende Erinne rung weist nun eben (und mit innerer Wahrscheinlichkeit!) auf jenen Gesetzgeber Moses. Doch fußt Mosis Werk — nach einstimmiger Überlieferung — auf dem schon vorhandenen Gemeinschaftsverhältnisse zwischen Gott und den Stammvätern des Geschlechtes.

Kein einziger positiver Grund gegen die schon damals übliche — und an sich so menschlich nahe liegende — Vor stellung und Bezeichnung dieses Treuverhältnisses als eines „Bundes" läßt sich geltend machen. Nur ein einziger

negativer Grund, ein argumentum e silentio! Das ist die
Thatsache, daß bis auf Hosea kein Geschichtsbuch und keine Über=
lieferung (außer der in dem Priesterkodex) von dem „Bunde"
spricht. Wie konnte, sagt man wohl, dieser wichtige Begriff,
wenn er einmal vorhanden war, in irgend einer Darstellung
der Geschichte der Patriarchen und des Volkes Israel fehlen?!

Zunächst ist zu beachten, daß in der Quellschrift J
und auch in JE nur der logisch formulierte und sprachlich
benannte Begriff, d. h. eben nur der Name „Bund" fehlt —
keineswegs die Sache selbst. Lesen wir die Geschichte der Berufung
Abrahams bei J (Gen. 12) und bei JE (Gen. 15), so finden
wir das Bundesverhältnis aufs deutlichste ausgedrückt. Zu=
sage von Wohlthat und Schutz: Forderung von Gehorsam;
dazu Treue und Vertrauen zwischen beiden Teilen. Nur die
Benennung dieses Verhältnisses fehlt.

Erwägen wir nun die Art und Weise, wie die mündliche
Überlieferung vom Stammvater her sich fortpflanzte bei den
Nachkommen, so ist es selbstverständlich, daß dies geschah
innerhalb der einzelnen Familien, nicht in öffentlichen
Versammlungen und Verkündigungen. Darum konnte auch
wohl die Erzählungsweise in den einzelnen israelitischen
Stämmen sich eigenartig gestalten, z. B. in Josephs Hause
ein wenig verschieden von der bei Juda und den andern
Brüdern. Ist aber eine Erzählungsweise erst einmal fest
geworden, dann pflegt auch ihre Eigentümlichkeit, ja selbst die
Ausdrucksweise zu beharren.

Konstruieren wir uns einen Vergleich! Gewiß ist
doch in dem Lebenswerke Jesu Christi der Begriff
„σωτηρία" ein überaus wichtiger; und doch findet sich dies
Wort und auch das Wort σωτήρ nicht ein einziges Mal bei
Matthäus und dem ihm nach Inhalt und Form nahestehenden
Markus. Gesetzt nun, die in Matthäus und Markus nieder=
gelegte apostolische Überlieferung wäre Jahrhunderte lang nur
mündlich innerhalb eines Stammes oder einiger Stämme
fortgepflanzt, wäre nicht (wie es durch die öffentliche Ver=
kündigung in aller Welt und durch das Schrifttum jener

Zeiten geschehen ist) schon in den ersten Jahrhunderten ergänzt worden durch die bei Johannes und bei Lukas und namentlich auch bei Paulus vorliegende Verkündigung, dann wäre gewiß in der nur nach Matthäus und Markus gebildeten und irgend wann auch niedergeschriebenen Tradition der Christengemeinden das Wort σωτήρ und σωτηρία nicht zu finden gewesen, wiewohl die Sache natürlich auch in dieser Tradition als eine Hauptsache, ja als die Hauptsache auch unbenannt vorhanden wäre. Nahe läge dann der Schluß, daß die in den andern   nach Johannes, Lukas, Paulus gebildeten — Traditionslinien und Aufzeichnungen vorkommenden Vorstellungen und Benennungen σωτήρ und σωτηρία gar nicht ursprünglich, sondern erst spätere Zuthat wären. Und doch wäre dieser Schluß voreilig und falsch!

So ist nun auch der Schluß unberechtigt, daß der bei J und JE nicht vorkommende Begriff und Name „Bund" nur eine willkürliche, dem Bewußtsein der Alten gar nicht entsprechende, späte Zuthat, nur eine Erfindung des Priester kodex sei.

Indessen geht die jetzt übliche Verneinung der geschichtlichen Richtigkeit des Pentateuch noch viel weiter, greift noch viel tiefer: man will auch die Grundanschauung der ganzen uns dargebotenen Religionsgeschichte als ungeschichtliche Voraussetzung loswerden. Das heißt: der im Pentateuch vorausgesetzte ursprüngliche Monotheismus des Menschengeschlechtes soll eine späte Fiktion sein. — Weil der Monotheismus gegenüber dem Polytheismus die höhere und reinere Religion ist, so meinen Jene, derselbe müsse auch die später erreichte Religionsform sein — nach dem Gesetz der „Entwicklung des Vollkommneren aus dem Niedern", wie es durch Darwin und seine Anhänger populär geworden ist. Sie verkennen dabei, daß dies Gesetz, sofern es auch in der Geisteswelt gilt, doch nur die (auch thatsächlich nachweisbare) Klärung und Vertiefung des Mono theismus selbst betrifft: und sie übersehen einerseits, daß die geschichtlich vorhandenen und erkennbaren Entwicklungsmomente das umgekehrte Verhältnis bezeugen, und andererseits, daß die Entstehung des Monotheismus auf Grund der dem Menschen gegebenen geistigen Ausrüstung sehr wohl begreiflich, auch die Umwandlung des Monotheismus in Polytheismus (wie auch in Fetischismus) sehr wohl zu begreifen ist, hingegen die Um= wandlung oder Abklärung des Polytheismus (und Fetischismus) in einen volkstümlichen Monotheismus sich durchaus nicht so naturgemäß vollziehen konnte.

Die natürliche — gottgegebene — Basis oder Anlage der Gotteserkenntnis oder „Gottesahnung" ist das den Menschen ausnahmslos beherrschende Kausa litätsbewußtsein oder Kausalgefühl. Dadurch ist er befähigt, das göttliche Walten zu ahnen, zu merken. Zu= gleich ist damit aber auch die unmittelbare Gewiß= heit gegeben, daß alles Wirkliche in einem einzigen großen Kausalzusammenhange steht, daß nicht etwa einzelne Gebiete des Wirklichen von andern isoliert sind. Wird nun dies einheitliche und allumfassende Kausalgefühl vertieft und geklärt, wir dürfen sagen: er= leuchtet, so daß es die göttliche, d. h. vom Urgrund ausgehende Wirksamkeit in der Welt ahnt, fühlt, erkennt, dann wird diese seine Gottesahnung natur= gemäß auch monistisch sein und bei weiterer normaler Entwicklung zum Monotheismus werden. Wenn sich dann aber der Mensch an die Welt verliert und gegen die in ihm und auf ihn wirkende göttliche Selbstbezeugung gleich= gültig oder (weil immer auch ethische Impulse damit ver= bunden sind) widerwillig wird und dem innern, auch intel= lektuellen Geisteszeugnisse nicht lauscht, dann wird er das in der Welt immanente Walten der Gottheit nur immer unvoll= kommener und beschränkter verstehen, seine Gedanken und Vorstellungen über die Gottheit werden immer enger, äußer= licher, irrtümlicher; und von der nie ganz verlierbaren Gottes= ahnung noch teilweise beherrscht, sieht er nun in den ver=

schiedenen Naturgebieten und verschiedenen Umständen des
menschlichen Lebens v e r s ch i e d e n e Gottheiten walten.

Wenn nun dazu im Völkerverkehr die Leute irgend eines
Stammes bei einem andern Stamme andern Kultus, andere
Namen und Vorstellungen von der Gottheit vorfinden, dann
sind sie nicht klar und gottbewußt genug, um aus der äußerlichen Verschiedenheit die innere Gleichheit, die Identität
der h i e r und der d o r t verehrten Gottheit herauszufühlen
oder gar klar zu begreifen. So hat man denn die Lokal-
gottheiten verschiedener Gegenden, statt sie mit klarer Erkenntnis
zu i d e n t i f i z i e r e n , vielmehr a g g r e g i e r t . In manchen
Fällen ist es nachweisbar, daß der Polytheismus durch I m-
p o r t von scheinbar fremden, im Grunde aber daheim schon
vorhandenen Göttern gesteigert worden ist. Immerhin zeigt
sich auch darin eine gewisse religiöse Macht, eine Art von
unklarer Gottesfurcht, wenn man noch immer mehr Götter
aus der Fremde annahm.

A n n e h m e n aber war hier viel leichter als w i e d e r
a u f g e b e n . Gewissenhaftigkeit und abergläubische Furcht hielt
den Menschen fest bei seinem Kultus, fest in den religiösen
Sitten und Verpflichtungen. — Vom Polytheismus so von
selbst zum Monotheismus zurückzukehren, den Glauben an die
bisher verehrten und gefürchteten Gottheiten aufzugeben —
das widerspricht der religiösen Natur aller Völker. Dazu
ist jedesmal erforderlich das Eingreifen von geistesmächtigen
Persönlichkeiten, die von der Wahrheit und Lebenskraft des
Monotheismus durchdrungen und getragen sind. — Paulus,
Bonifazius und viele Missionare haben als solche geistesmächtigen Reformatoren das religiöse Leben polytheistischer
Völker umgestaltet.

Wo aber solche prophetischen Männer fehlen, da kommt
ein polytheistisches Volk nimmer zu einem lebendigen Mono
theismus, sondern höchstens zum religiösen Skeptizismus oder
auch zum Atheismus. Mehr hat auch die wohlgemeinte und
wohlberechtigte Aufklärung der ernstesten Denker im Volk der
Griechen mit ihrem lauten oder meist stillen Protest gegen

6*

den Polytheismus nicht erreicht. — Wie sollte nun vollends ein polytheistisches Volk, welches überhaupt noch keine aufklärenden Denker hat, zu einem so lebendigen Monotheismus gekommen sein, wie wir ihn in Israel finden?

Freilich bedurfte Israel immerfort der prophetischen Warnung und Mahnung gegenüber den polytheistischen Gefahren und Verirrungen: aber in aller Predigt der Propheten (selbst bei Elias, der schon die Mehrzahl des Volkes von Jehovah abgefallen sah) ist doch die selbstverständliche Voraussetzung bemerkbar, daß Israel den einigen lebendigen Gott kennt und von Rechts wegen ihm allein anhangen müßte! — Es ist wirklich erstaunlich, daß kritische Historiker von einer vorgefaßten Meinung so beherrscht und gehalten sein können, diese Thatsache einfach zu übersehen!

Wenn nun aber in der Zeit der Propheten, und zwar schon zu Nathans und Samuels Zeit, der Monotheismus in Israel Voraussetzung ist, so hat man denselben auch bei der Einwanderung schon mitgebracht. Denn daß in der Richterperiode, die politisch wie geistig einen besonders dissoluten Charakter hat, der ungeheure Fortschritt vom polytheistischen zum monotheistischen Gottesbewußtsein — durch welchen unbekannten Geisteshelden auch immer veranlaßt — sich vollzogen hätte, wird kein Geschichtskundiger und kein Verständiger für denkbar halten! Der Übergang zum Monotheismus müßte also schon spätestens in der mosaischen Zeit, der Zeit der Auswanderung aus Ägypten stattgefunden haben. Und da ist ja nun auch eine geistesmächtige Persönlichkeit, die nach der Überlieferung einen gewaltigen sittlich-religiösen Einfluß auf das Volk ausgeübt hat!*) Und doch ist in der gesamten Überlieferung in allen Quellschriften auch für Moses der Monotheismus bereits die Voraussetzung, woran die ihm zuteil werdenden Offenbarungen und seine Verkündigungen fürs Volk anknüpfen. Nirgends auch nur die leiseste Spur davon, daß er selber durch Nach-

---

*) Nur schade, daß eben jene Kritiker der Überlieferung zum Trotz Mosis Werk auf ein Minimum oder auf nichts herabzumindern beflissen sind.

denken den Polytheismus überwunden hätte! und noch weniger
irgend eine Möglichkeit, daß etwa ägyptische Weisheit ihm zu
solcher Erkenntnis behilflich gewesen wäre! Soll es denn nun
aber gar wahrscheinlicher sein, daß die Zeit der Fremdling=
schaft in götzendienerischem Lande dem Stamme Israel vom
Polytheismus zum Monotheismus verholfen habe, als daß
seine Urväter schon den einigen Gott angebetet?! Wirklich, es
zeigt sich bei näherer Überlegung, daß jenes entwicklungs=
theoretische Axiom, Israel müsse ursprünglich polytheistische
Religion gehabt haben, einfach eine Caprice ist.

Die einzigen aus der Schrift genommenen Umstände, die
auf den ersten Blick dafür zu sprechen scheinen, erweisen
sich bei näherer Prüfung als anders zu deuten.

Allerdings scheint die Pluralform „Elohim" darauf
hinzuweisen, daß dem Volke, welches seine Gottheit mit einem
solchen Worte benannte, ursprünglich, da diese Sprachform
sich herausbildete und festsetzte, eine polytheistische Vorstellung
eigen war. Doch stehen dieser naheliegenden Annahme eben
die oben erörterten thatsächlichen Momente entgegen und
nötigen uns zu jener anderen sprachlich unbedenklichen Deutung
des Plurals. Bekanntlich wird im Hebräischen der Plural
häufig zur Bezeichnung von abstrakten Begriffen gebraucht:
Jugend, Greisenalter, Leben sind im Hebräischen Pluralformen.
So darf man denn „Elohim" (nach Stamm und Endung)
als „Allmacht" deuten.

Der zweite Umstand, der für jene Theorie eines ursprüng=
lichen Polytheismus zu sprechen scheint, ist der, daß an vielen
Stellen des Alten Testamentes die Götter anderer Völker
erwähnt werden, ohne daß ihnen dabei die Realität
abgesprochen wird. Sogar in dem Dekalog, wo der Götzen=
dienst ausdrücklich verboten wird, fehlt die in einzelnen Pro=
pheten=Worten allerdings vorhandene Nichtigkeitserklärung.
Man meint nun, wenn sogar der legitime Jehovahkultus auch
in der geschichtlichen Periode noch nicht streng monotheistisch auf=
tritt, dann müsse die Volksreligion wohl ursprünglich polytheistisch
gewesen sein. — Doch liegt die Sache so nicht. Einerseits

braucht es nicht eine Nachwirkung aus früherer Zeit zu sein, woraus sich diese, man möchte sagen tolerante Redeweise erklärt; es kann auch eine unwillkürliche Wirkung der Gegenwart gewesen sein, nämlich eine unwillkürliche Akkomodation an die durch fremdländischen und auch eingedrungenen Polytheismus beeinflußte volkstümliche Redeweise. Anderseits sieht man deutlich: der legitime Monotheismus in Israel ist selbst in der Prophetenzeit wesentlich praktischer Natur, er tritt keineswegs als philosophischer und konsequent logischer Monotheismus auf; er hat eine gewisse Weitherzigkeit, ja Gleichgültigkeit gegenüber den religiösen Anschauungen anderer Völker. Da er deshalb meistens nicht prinzipiell und nicht ausdrücklich die Existenz anderer göttlicher Wesen neben Jehovah bestreitet, so darf man ihn ja wohl — wie das bisweilen geschieht — auch Henotheismus nennen, der sich dann bei geschichtlich gegebenem Anlaß auch zum theoretischen und absoluten Monotheismus klärt.

Endlich möge zum Beweise für die geschichtliche Richtigkeit der alttestamentlichen Überlieferung eines ursprünglichen Monotheismus nicht nur im Stamme Israel, sondern in der ganzen Menschheit hingewiesen werden auf eine höchst merkwürdige Beobachtung der Sprachvergleichung.

Bis zum Ursprung des Menschengeschlechtes reicht ja natürlich die Sprachvergleichung nicht, aber doch — biblisch ausgedrückt — bis in die Zeit von Noah. Was uns nun über diese Zeit in Bezug auf die Religion durch die semitische Überlieferung berichtet wird, ganz dasselbe bezeugt uns diese Wissenschaft in Bezug auf die indogermanischen Völker. Inder, Perser, Gräko Italer und Germanen, sie alle haben in ihrer Sprache einen, aber auch nur einen Gottesnamen gemeinsam, der den Gott des leuchtenden Himmels bezeichnet. Dyaush-pitâ. Ζεὺς πατήρ, Jupiter, Tiu-Vatar.*) Das ist

*) Vgl. Max Müller, Vorlesungen über den Ursprung und die Entwicklung der Religion S. 248.

ein deutliches Zeichen, daß alle diese Völker vor ihrer Trennung
von einander, als sie in der Urzeit noch e i n e n Stamm
bildeten, nur diese e i n e Gottheit — d. h. einen einigen Gott
des Himmels schon kannten und nannten. Hätten sie damals
schon mehrere Gottheiten verehrt, so würden sicherlich auch
mehrere Götternamen ihren Sprachen gemeinsam sein. Sehen
wir nun im i n d o g e r m a n i s c h e n Stamme, oder biblisch
benannt: beim Stamme „Japhet“ u r s p r ü n g l i c h e n M o -
n o t h e i s m u s, wie sollte uns derselbe unglaubhaft erscheinen
bei demjenigen semitischen Volke, das sich später vor allen
andern durch klaren starken Monotheismus auszeichnet.*)

Nach alledem werden wir die im A. Test. enthaltenen, ursprünglich mündlichen Überlieferungen über die Geschichte
der Gottesoffenbarung in der Menschheit und insbesondere
im Stamme Israel ihren Grundzügen nach als t r e u und
richtig anerkennen müssen und können der im Grunde wohl
aus dogmatischen, auch aus geschichtsphilosophischen Vor -
urteilen hervorgehenden Ablehnung ihres geschichtlichen
Charakters nicht zustimmen. Wer die auf das Menschengeschlecht gerichtete geistige Wirksamkeit des persönlichen Gottes
erkennt und anerkennt, der wird selbst von einer Schrift, die
(wie z. B. das Buch der Richter) unverkennbar „Tendenzschrift“ ist, doch nicht ohne weiteres behaupten mögen, daß
der beherrschende Gesichtspunkt darin nur ein m e n s c h l i c h
e r f u n d e n e r, willkürlich angenommener und die ganze Ge-
schichtsdarstellung deshalb falsch sei. Ganz richtig formuliert
z. B. W e l l h a u s e n die Darstellungsweise im Richterbuche
als Veranschaulichung der regelmäßigen Aufeinanderfolge von:

---

*) Auch über die afrikanischen Völker, insbesondere die Neger= und
Bantustämme, behaupten die Sachverständigen, daß hinter ihrem Feti=
schismus und Ahnendienste doch die Vorstellung von einem einigen
Himmelsgotte noch deutlich zu merken sei. Vgl. Schneider, Religion
der afrikanischen Naturvölker; auch M e r e n s k y ist durch sehr eingehendes
Studium der Negersprachen zu demselben Ergebnis gekommen.

Abfall — Strafe — Bekehrung — Rettung. In der
That ist dies dort das Schema der Geschichte. Ob es aber
nur ein willkürlich hinzugebrachtes Schema ist: das ist
eine andere Frage!

Wenn ein musikalisch beanlagter Mensch in einem Eisen=
bahnzuge fährt, so kann er bekanntlich aus dem wirren Lärmen
und Rasseln Melodien, die er in sich trägt, heraushören;
dann bringt er freilich etwas, das thatsächlich in jenem Ton=
gewirr des fahrenden Zuges nicht liegt, aus seinem indivi=
duellen Seelenleben hinzu. Wenn aber Jemand mitten in
dem verwirrenden Lärm belebter Straßen, mit scharfem und
geübtem Ohr, von einem fernen Konzerte her eine Melodie,
die von Andern gar nicht bemerkt wird, darum heraushört,
weil sie auch in seiner Seele klingt: dann ist das nicht ein
subjektiv hinzugebrachtes Schema, nicht eine fremdartige und
unzutreffende Auffassung der Wirklichkeit. — Ein prophetischer
Geist, ja im Grunde jede Gott=bezogene Menschenseele hat
nun solch ein geübtes Ohr, das die Melodie der göttlichen
Weltregierung, den Takt der großen Weltenuhr heraus=
hört aus dem Gewirr des Völker= und des Menschenlebens!
— Mag auch hin und her Irrtum und noch häufiger un=
vollkommenes Verständnis obwalten: im ganzen ist's doch
nicht menschliche Erfindung, nicht „Mache", was uns in
den pragmatischen Geschichtsbüchern des A. Test. vorliegt,
sondern Wahrheit.*)

Die Geschichte Israels und seiner Stammväter hat nun
im A. Test. eine Einleitung: die Urgeschichte der Mensch=
heit. Daß in dieser Urgeschichte (von Adam bis Noah) die
Namen, Zahlen und Ereignisse nicht in unserm Sinne ge=

---

*) Es würde hier viel zu weit führen, wenn wir noch eingehen
wollten auf den Gradunterschied der Wahrheitserkenntnis, der zwischen
den einzelnen Schriften, namentlich den einzelnen Quellschriften des
Pentateuch bemerkbar ist, ein Unterschied, der eine ganz beträchtliche
Weite zeigt, z. B. von dem genuinen Dekalog bis zum „Priesterkodex".

schichtlichen Charakter haben, oder gar Vollständigkeit und Ge nauigkeit, ist ja jedem Bibelforscher von selbst einleuchtend, wenngleich nicht zu verkennen ist, daß auch Erinnerungen an einzelne bestimmte Erlebnisse des Menschengeschlechtes darin vorkommen und zwar an Ereignisse des äußeren Lebens, der Kulturentwicklung wie des geistigen Lebens. Im wesent= lichen sind es Epochen der Entwicklung, die (wenn auch nicht in chronologisch genauer Folge) angedeutet werden, während die langen, langen Perioden der Entwicklung dazwischen ver borgen bleiben: gleichwie dem Auge eines Wanderers, der auf einen weiten Weg zurückschaut, nur die Höhepunkte seines Weges sich noch darbieten, die weiten Strecken aber, die ihm da zwischen lagen, verschwunden sind. — Aehnlich wie dieser Rückblick ist ja auch der Ausblick in die Zukunft in den Prophetien des alten wie des neuen Bundes. Die wichtigsten Wendepunkte und Zielpunkte werden geschaut und markiert, die Länge der Zeiten, die mit ihrer Entwicklung dazwischen liegen, ist dem Blick verborgen: die Perspektive mangelt.

Zweierlei Gesichtspunkte sind es, unter denen nach der alttestamentlichen Darstellung die Urgeschichte steht, Ge sichtspunkte, die wiederum nicht willkürlich, nicht fremdartig, nicht von menschlicher Reflexion und Phantasie erfunden sind, sondern die thatsächlich maßgebend, in Wahrheit für das Menschengeschlecht charakteristisch sind. Sie entsprechen dem zwiefachen Berufe des Menschen!

Der Mensch ist berufen und befähigt einerseits, sich die Erde unterthan zu machen. Das geschieht durch Kultur= arbeit jeglicher Art. Marksteine auf dieser Bahn sind: Vieh= zucht, Hüttenbau, Ackerbau, Bearbeitung der Metalle, Staaten= bildung, auch Erfindung der Musik. — Anderseits ist der Menschengeist, wie aus Gott und nach Gottes Wesen ge schaffen, so auch berufen und befähigt zur Gottesgemein= schaft. (Vgl. Apgsch. 17,27.) Zur Gottesgemeinschaft ge= hört auch Erkenntnis Gottes und Uebereinstimmung mit seinem Willen.

Daß in der zweiten Beziehung statt des normalen Fort=

schrittes eine Verirrung eingetreten, nämlich die Sünde, d. h.
die Auflehnung des zur freien Entscheidung be=
fähigten Menschengeistes gegen den ihm bekannten
Gotteswillen, und damit ein Verderben über das ganze
menschliche Leben gekommen: das spricht Gen. 3 in anschau=
licher, auch für kindliches Verständnis faßlicher Darstellung
aus. — Von dem Fortschreiten in der Gotteserkenntnis
während jener Urzeit scheint ein Moment in der Erinnerung
des Menschengeschlechtes und dann im Stamme Israel festge=
halten zu sein, nämlich das Aufleuchten der Erkenntnis, daß
der allmächtige Gott zugleich auch ewiger Gott ist. Denn
so muß doch wohl die Stelle Gen. 4,26 verstanden werden:
„damals fing man an anzurufen mit den Namen Jaweh."
Vorausgesetzt wird bis dahin allein der Name Elohim, d. h.
der Begriff des starken, wir würden sagen „allmächtigen"
Gottes. Ihm gegenüber wird das Menschengeschlecht in seiner
Vergänglichkeit erkannt und durch den Namen „Enosch" als
hinfällig, als genus mortale charakterisiert. Dieser Erkenntnis=
fortschritt entspricht ganz der Natur des menschlichen Geistes,
wie denn auch das Kind, selbst in christlichen Familien, erst
viel später den Gedanken der Ewigkeit Gottes faßt als den
seiner Allmacht.

Alle diese Erwägungen werden nun freilich für den, der
aus Indolenz oder Eigensinn an seinem praktischen oder
theoretischen Atheismus (oder etwa auch an dem immer un
wissenschaftlichen Deismus) festhält, bedeutungslos sein. Wer
hingegen ernstlich die Wahrheit sucht und seine Welt=
anschauung auch durch die inneren logischen und moralischen
Zeugnisse von der Wirksamkeit des lebendigen persönlichen
Gottes bestimmen läßt, der wird bei solchen Erwägungen
merken, daß es um die Glaubwürdigkeit der alttestament
lichen Geschichte in der That ganz anders, nämlich viel viel
günstiger steht, als manche Kritiker, die das große Wort
führen, behaupten. Er wird das von der negativen Kritik
mit Zuversicht gesprochene Verdammungsurteil einer kri
tischen Revision bedürftig erachten.

6. Hat die biblische Schöpfungsgeschichte Wahrheit?

Zu der gesamten Menschheitsgeschichte bildet eine Einleitung die Schöpfungsgeschichte Gen. 1 u. 2, die zeigt, wie Gott dem Menschen die Stätte bereitet hat; und zwar lenkt Gen. 1 die Betrachtung auf die große Stätte, auf das ganze Weltgebäude: Gen. 2 hingegen spricht von der Bereitung der besonderen Wohnstätte der ersten Menschen und ihrer Besitznahme. Beide Darstellungen stimmen nach Absicht und Gehalt völlig überein, wenngleich jede ihre besonderen Momente und ihre besondere Darstellungsweise hat. Abgesehen von der zeitlichen Einteilung und der stufenweisen Entwicklung (die in Gen. 1 als „Sechstagewerk" auftritt) liegt eine beachtenswerte Verschiedenheit beider Darstellungen darin, daß Gen. 2 der Anschauung eines Menschen entspricht, der aus Erfahrung weiß, daß zum Pflanzenwuchse die Befeuchtung der Erde durch Regen und Tau nötig ist, also der Anschauung eines im wasserlosen Binnenlande wohnenden Menschen: während Gen. 1 der Anschauung und Erfahrung eines Menschen in wasserbespülten und darum an sich schon fruchtbaren Gegenden, wovon die Ufergegenden am Euphrat und am Nil bekannte Beispiele sind.

Wann zum ersten Male und in welches Menschen Sinn die eine und die andere Betrachtung des göttlichen Schöpfungsaktes in der uns vorliegenden altehrwürdigen Form gekommen ist, können wir natürlich nicht wissen. Jedenfalls

waren es Menschen mit starkem und klarem Gottes=
bewußtsein, und jedenfalls geschah es in Stunden leben=
digster Gottbezogenheit. Wie denn aber der immer=
dar im Menschen verborgen wirksame Gottesgeist in solchen
Stunden eine besondere Wirksamkeit in dem empfänglichen,
sehnsuchtsvollen Geiste hat, so dürfen und müssen wir auch
in der Konzeption dieser Schöpfungsbilder eine Gottes=
wirkung, eine göttliche Direktion der menschlichen Seelenthätig=
keit, nennen wir es „Erleuchtung" oder „Offenbarung", an=
erkennen. Ja, das müssen wir. Dazu nötigt uns der über
alle heidnischen Weltschöpfungsphantasien weit erhabene reli=
giöse Gehalt dieser Konzeptionen.

Der religiöse Wahrheitsgehalt, der so klar und schlicht
und selbst für kindliches Verständnis faßbar in der ersten
wie in der zweiten Schöpfungsdarstellung enthalten ist, läßt
sich ja für uns an begriffliches Denken gewöhnten Menschen
begrifflich in kurzen Sätzen aussprechen; doch
war jenem Kindesalter des Menschengeschlechts die Anschau=
lichkeit geschichtlicher Erzählung gewiß die einzig faßbare Dar=
stellungsweise. Nicht durch lehrhafte Worte, sondern durch
anschauliche Erzählung — ganz der ursprünglichen still em=
pfangenen eigenen Konzeption entsprechend — haben jene unge=
nannten Gottesmenschen (einem Abraham ähnliche Gottes=
freunde) die große heilige Wahrheit ihrem Geschlechte
zum Bewußtsein gebracht und in unverlierbarer, unzerstörbarer
Form überliefert:

Die ganze Welt hat ihr Dasein und ihre
Ordnung allein durch den Willen des einigen,
lebendigen, allmächtigen, mit Plan und Weis=
heit wirkenden, liebreich fürsorgenden Gottes,
und Ziel seines ganzen Schöpfungswerkes ist der
aus Seinem Wesen und nach Seiner — geistigen
— Ähnlichkeit geschaffene, darum auch zu Seiner
Gemeinschaft wie zur Weltbeherrschung berufene
Mensch.

Daß dies der religiöse Wahrheitsgehalt der Schöpfungs=

geschichte Gen. 1 u. 2 ist, erkennt wohl jeder Bibelleser: und auch das wird im Prinzip allgemein anerkannt, daß es sich darin eben nur um die religiöse Erkenntnis handelt und keineswegs um eine naturwissenschaftliche Belehrung. Es wäre gut, wenn diese prinzipielle Einsicht auch bei aller Einzelbetrachtung festgehalten würde. Aber viele Theologen und Laien lassen — in guter Meinung und pietätvollem Sinne! — trotzdem nicht ab von dem Versuch, alle einzelnen Züge der biblischen Schöpfungsgeschichte als geschichtliche Vorgänge zu verstehen. Sehr löblich ist ja die vorsichtige Scheu, daß man nur ja nichts von der geoffenbarten göttlichen Wahrheit verlieren möchte; aber doch ist's nicht gut, wenn man die Hülle mit fürs Wesen, die Form mit für die Sache hält.

Wir erkennen es als unsere Aufgabe, bei allen Worten des Heilands seinen eigentlichen tiefsten Sinn zu erfassen, und müssen da bisweilen, auch wo die Rede nicht Gleichnisform hat, dennoch seine Worte als andeutungsweise, nicht aber wörtlich gemeint verstehen. Wer sich des rechten Auges oder der rechten Hand berauben wollte, um dadurch vor der Sünde sicher zu sein, hätte den Heiland falsch verstanden; wer dem Gewaltthätigen, der ihn ins Gesicht schlägt, auch den andern Backen hinhielte, würde damit noch nicht die Sanftmut und Liebe beweisen, die der Heiland von uns fordert und die er selber auch damals bethätigte, als er geschlagen ward und nicht den andern Backen darbot — ein klares Beispiel dafür, daß unter Umständen auch schlichte einfache Rede ohne Gleichnisform doch nicht wörtlich zu verstehen ist, sondern als eine anschauliche Hindeutung auf eine so am besten zu begreifende geistige Sache!

So ist auch die Schöpfungsgeschichte in der Genesis eine unvergleichlich anschauliche Darstellung jener großen, tiefen, geistigen Wahrheit. — Bekanntlich hat Herder sehr sinnig bemerkt, daß die Reihenfolge des Sechstagewerkes etwa der Folge entspricht, in welcher die Schöpfung beim

Anbruch des Tages dem betrachtenden und sinnen=
den Menschen vors Auge und zum Bewußtsein
kommt!*) Das Allererste ist, daß ihm aus der unklaren
Dämmerung Licht wird; dann unterscheidet er die irdische
und die obere Sphäre der Welt; dann unterscheidet er auf
der Erde die Bodengestaltung, den Gegensatz des Meeres
und des festen Landes mit seinem gesamten Pflan=
zenwuchs; dann sieht er die Sonne aufgehen, und zugleich
werden die andern Gestirne erwähnt; dann sieht und be=
achtet er die in den flüssigen Elementen lebenden und
schwebenden Einzelwesen; dann die lebenden Einzelwesen
auf dem festen Lande und zuletzt, wie seines Gleichen,
„der Mensch ausgeht an seine Arbeit, an sein Ackerwerk bis
an den Abend". (Vgl. Pf. 104, 23.)

So ist die ganze Reihe der anschaulichen Bilder der
menschlichen (auch reflektierenden) Erfahrung entsprechend; aber
jedes Anschauungsbild mit der Beziehung auf den unsicht=
baren Schöpfer vorgeführt gleichwie mit einer deutenden
Unterschrift. Unwillkürliche und erfahrungsmäßige Anschauung
das ist die menschliche psychologische Voraus=
setzung, der Aufzug fürs große Bildergewebe, welches der
Einschlag der erleuchtenden Gotteserkenntnis zu einer eben
so verständlichen wie tiefen Offenbarung macht.

Einen naturwissenschaftlichen Zweck und Cha=
rakter hat diese Schöpfungsgeschichte nicht. Verfehlt, gänz=
lich verfehlt ist der gutgemeinte apologetische Versuch, diese
sechs Tagewerke mit den sogenannten Resultaten der Natur=
forschung zu harmonisieren, den sogenannten „Schöpfungs=
perioden". (Resultate sind das nicht, sondern Hypothesen.)

---

*) Unverkennbar sind auch die ersten drei Tagewerke und die
letzten drei Tagewerke, d. h. die Scheidung der Elemente und die
Erschaffung der Einzelwesen dieser Elemente zu einander in einen
gewissen Parallelismus gestellt:

1. Scheidung des Lichts v. d. F.   :   4. Erschaffung der Lichter.
2.   „   d. ob. u. unt. Wasser   :   5.   „   der Vögel u. der F.
3.   „   des Landes vom Meer   :   6.   „   der Landtiere.

Es handelt sich bei dieser — immerhin wahrscheinlichen — Periodentheorie gar nicht um die Welt, sondern nur um die Bildung der Erdoberfläche und der Stufenfolge ihrer Flora und Fauna. Also hat eigentlich nur das 3. und 5. und 6. Tagewerk einen analogen Inhalt. Aber auch hier ist die biblische Anschauung durchaus nicht ähnlich der modernen naturwissenschaftlichen Erkenntnis. Die Geologie findet in den verschiedenen Gesteinsschichten der Erdkruste die Spuren einer allmählichen Entwicklung der organischen Wesen von den einfachsten Gebilden zu immer höheren und vollkommeneren Stufen — und zwar zeitlich parallel gehenden Fortschritt des Pflanzenreiches und des Tierreiches durch die verschiedenen Perioden hindurch. In der Schrift hingegen tritt im 3. Tagewerke mit einem Male die ganze Pflanzenwelt hervor: im 5. und 6. je ein Teil der Tierwelt, nicht nach der Organisationsstufe, sondern nach dem Aufenthaltsorte unterschieden.

Möchte doch endlich die gutgemeinte, aber ganz unzutreffende Harmonisierung der biblischen Schöpfungsgeschichte und der modernen Theorie aufgegeben werden! — Es ist ja auch einfach nicht wahr, daß dort mit dem Worte „Tag" eigentlich ein Zeitraum von Jahrtausenden angedeutet werde. Gemeint ist der bekannte Tag mit Abend und Morgen. — Was wäre das auch für eine zweckwidrige wunderliche Andeutung göttlicher Offenbarung, die von Niemandem, weder in der alttestamentlichen noch in der christlichen Zeit, verstanden werden konnte bis zu dem Zeitpunkte, wo die Wissenschaft zu derselben Erkenntnis kam und eben dadurch auch die Offenbarung überflüssig wurde! eine Offenbarung überdies, durch welche auch nur das Welterkennen, nicht die Gotteserkenntnis gefördert worden wäre.

Wer nun den erkannten und prinzipiell anerkannten Unterschied zwischen Kern und Hülle, d. h. zwischen dem gött=

lichen Offenbarungsgehalt und der menschlichen Auffassungs=
und Darstellungsform festhält, der kann auch bei allen An=
griffen, welche der moderne Geist angeblich im Namen der
Wissenschaft und Wahrheit gegen die biblische Schöpfungs=
geschichte richtet, ruhigen Gemütes bleiben und mit völliger
Unbefangenheit das Gewicht und die Berechtigung der gegne=
rischen Gründe prüfen. — Die gesamte Gegnerschaft folgt
heutzutage einer gemeinsamen Fahne, der „Entwicklungs=
theorie", und ihre Parole heißt „Darwin".

In dieser Theorie meint man die Formel zur Lösung
aller Welträtsel zu besitzen und zugleich die einzige Methode
der Forschung, die auf den Namen der „Wissenschaft" An=
spruch habe; jede andere Weltanschauung wird als altertüm=
liche Beschränktheit verachtet. Solch ein siegesgewisses Ge=
bahren wirkt auch einschüchternd und Gefolgschaft erzwingend auf
unzählige Menschen, denen es nach Anlage und Bildungsgang an
geistiger Selbständigkeit mangelt. Um so dringlicher ist zu wünschen,
daß die geistig selbständigen, klar und scharf denkenden
Männer und Jünglinge, denen die Wahrheit wertvoller ist als
eine bequeme und renommierte Theorie, an dem Darwinis=
mus Kritik üben. Selbstverständlich genügt hier nicht
eine bloße Beurteilung oder auch Verurteilung desselben von
religiösem oder moralischem Standpunkte aus; es bedarf einer
sachlich eingehenden Kritik, nicht etwa bloß einer
kürzeren oder längeren kritischen Abhandlung, die Jemand
schriebe oder durchstudierte, sondern daß man das kritische
Auge offen habe und bei jeder einzelnen und bei jeder all=
gemeinen Behauptung sorgfältig erwäge, ob sie denn auch sach=
lich genügend begründet und logisch richtig sei.

Eine eingehende kritische Besprechung des ganzen Dar=
winismus ist an dieser Stelle nicht thunlich. Doch erfordert
der Zweck dieser Abhandlung wenigstens einen Hinweis
auf die wichtigsten Punkte, deren Beachtung zur
richtigen Würdigung jener Theorie unerläßlich ist.

1. Die meisten Vertreter des Darwinismus und natürlich
auch die Anhänger desselben (namentlich die blinden) sind

der Meinung — man darf auch wohl sagen: der ehrlichen Meinung —, daß diese Theorie exakte Naturforschung sei. „Exakte Naturforschung" hat einen guten Ruf. Ihre Erfolge, die Entdeckungen und Erfindungen, sind so großartig und die Zuverlässigkeit ihrer Behauptungen läßt sich z. T. durchs Experiment kontrollieren, so daß man sich ihr gegenüber den Zweifel abgewöhnt hat. Und doch wird auch manches unter dieser Sicherheitsflagge nur „geschmuggelt" (wenn auch nur bona fide geschmuggelt, wie es im Leben ja vorkommt). So segelt nun aber das ganze System des Darwinismus einfach unter falscher Flagge! Wohl verdienen unzählig viele Einzelbeobachtungen, welche im System und zum System verwertet werden, den Namen der exakten Naturwissenschaft; aber die damit gestützte Theorie verdient diesen Namen keineswegs. Sie ist ein Bau, z. T. wohl aus festem, sicherem Material aufgeführt, z. T. aber auch aus minderwertigem, unsicherem; besonders aber von einer Konstruktion, bei der ein wichtiges Naturgesetz außer acht gelassen ist. Die Entwicklungstheorie, obgleich sie exakte Forschung verwertet, ist doch selber einfach Hypothese, Spekulation.

Es liegt ja kein religiöser oder moralischer Grund vor, weshalb ein Christ sich sträuben müßte, den Modus der göttlichen Schöpferthätigkeit dem analog zu denken, was jene Hypothese über das Werden der Arten des Tier- und Pflanzenreichs lehrt. Von seiten der Religion haben wir gegen die Theorie einer allmählichen Entwicklung der Organismen nichts einzuwenden (wenngleich sehr viel einzuwenden gegen die allermeist herrschende religionsfeindliche Tendenz des Darwinismus). Aber allein schon um der Wahrheit und Klarheit willen muß durchaus protestiert werden gegen den eine Infallibilitätsglorie verleihenden Namen der exakten Forschung für den Darwinismus. — Wer darauf achten will, kann den hypothetischen Charakter desselben auf Schritt und Tritt erkennen.

2. Die Entwicklungstheorie tritt heutzutage allermeist in der Verquickung mit einem ihr im Grunde völlig widersprechenden naturphilosophischen Axiom auf. Dieser innere Widerspruch wird nicht erkannt und nicht empfunden. Vielfach fehlt es an logischer Schärfe, vielfach auch an ehrlichem Wahrheitssinn. Es ist ein widernatürliches Bündnis und zwar hervorgegangen aus einer gemeinsamen Feindschaft beider gegen einen Dritten — ähnlich dem unnatürlichen Zusammenhalten des absolutistischen Rußland mit dem republikanischen Frankreich, wofür der Grund in der beiden gemeinsamen Feindseligkeit gegen Deutschland liegt. Infolge eines gemeinsamen blinden Hasses gegen die christliche Weltanschauung hat sich die Entwicklungstheorie mit dem ihr eigentlich diametral entgegengesetzten Materialismus zu einer wunderlichen Gemeinschaft vereinigt: das ist der Darwinismus in seiner heutigen Gestalt.

Ein Hauptgesichtspunkt der Entwicklungstheorie ist das unbestreitbare — Hinstreben der Organismen zu einem zuvor noch nicht erreichten höheren Zustande.*) Solches Hinstreben ist nun aber unleugbar Zweckthätigkeit, unbewußte Zweckthätigkeit.

Statt dies einfach einzuräumen, ja als ein charakteristisches Merkmal des organischen Lebens hervorzuheben, pflegen manche Darwinianer diese logisch unumgängliche Deutung der organischen Funktionen geflissentlich zu vermeiden und, wo sie ihnen von Andern gezeigt wird, mittels logischer oder vielmehr unlogischer Künste wegzudisputieren, weil sie den herkömmlicherweise für „wissenschaftlich" geltenden Standpunkt der Religionsfeinde, den Materialismus mit seiner Leugnung der Zweckthätigkeit nicht aufgeben wollen.**) — Wenn nun Jemand bei gründlicher Kenntnis-

---

*) In der That darf und muß dies Streben, wie es in der Entwicklung der Individuen erkennbar ist, so auch für die Entwicklung der Arten mit in Anschlag gebracht werden.

**) Ein besonders lehrreiches Beispiel dafür ist Häckels berühmtes

nahme und ernster Erwägung der Thatsachen und der Theorien
auf jenem Gebiete weiter und tiefer blickt als die Fach
gelehrten und Spezialforscher und wenn er es wagt, seine ab-
weichende Stellung zur Sache auszusprechen, den wissenschaft
lichen und besonders logischen Nachweis zu führen, daß
die auf dem Gebiet des Anorganischen wohlberechtigte mate=
rialistische, rein mechanische, „monistische" Natur=
erklärung unzureichend ist zur Erklärung der organischen
Naturprozesse: dann muß er gewärtig sein, von den privi
legierten Vertretern der „Naturwissenschaft" als unteilhaftig
an der exakten Forschung und darum als „Ignorant"
abgethan zu werden.   So ist es bekanntlich auch vor 25 Jahren
dem in aller Naturforschung wohlbewanderten E. von Hart
mann ergangen, weil er mit Klarheit und Nachdruck die Zweck
thätigkeit in der organischen Welt nachgewiesen hatte. Als
derselbe dann in der anonymen Schrift „Das Unbewußte
vom Standpunkte der Physiologie und Descendenztheorie" an
seinem eigenen Systeme, „der Philosophie des Unbewußten",
eine wirklich eingehende Kritik aber vom Standpunkte eines
Naturforschers aus übte, da ward dem unbekannten Verfasser
als einem wirklich kompetenten Naturforscher, der da über den
Philosophen Gericht gehalten, hohes Lob zu teil von seiten
der „exakten Forschung".   In der zweiten Auflage des hoch=
interessanten Büchleins quittierte dann der Verfasser öffentlich
mit Genugthuung über das ihm erteilte Zeugnis der Urteils=
fähigkeit auf diesem Gebiete. — Vielleicht hat dies originelle
Verfahren auch Einzelnen wirklich die Augen darüber geöffnet,
daß die Entwicklungstheorie ganz widernatürlich
und ganz unlogisch handelt, wenn sie sich durch Ver
quickung mit dem Materialismus zum spezifischen Dar
winismus ausgestaltet. Leider sind die allermeisten Ge
bildeten darüber noch nicht klar, von den Halbgebildeten
ganz zu schweigen. —

Werk „Natürliche Schöpfungsgeschichte", woselbst, namentlich im I. Kapitel, die Religionsfeindschaft als Motiv für solches der Logik und der
Wahrheit widersprechende Verfahren recht deutlich zu erkennen ist.

Es verdient beachtet zu werden, daß gerade dasjenige am Darwinismus, was sich mit der christlichen Religion nicht verträgt, auch zugleich logisch und wissenschaftlich unhaltbar ist. Giebt es keine Zweckthätigkeit, auch keine unbewußte Zielstrebigkeit in der Natur, dann giebt's natürlich auch kein Ziel und keinen Plan in der Welt, sondern nur blinden Zufall im Spiel der Kräfte. Das aber widerspricht nicht nur dem religiösen Bewußtsein, sondern auch der Erfahrung und der Logik: während eine nicht spezifisch darwinistische (d. h. materialistische) Entwicklungstheorie an sich dem christlichen Glauben nicht widerspricht.

3. Als wesentliche Faktoren, durch deren Zusammenwirken die jetzt vorhandenen Arten der Organismen entstanden seien, gelten im Darwinismus bekanntlich: die Zuchtwahl im Kampfe ums Dasein und die Vererbung mit mancherlei Anpassung; diese Faktoren des Verhaltens seien wirksam unter den mannigfachsten Verhältnissen der Umgebung, insbesondere auch des Klimas. — Die nach diesen Gesichtspunkten betriebene Naturbeobachtung und Naturdeutung hat ja gewiß unser Verständnis für die ganze organische Welt sehr gefördert; es ist durch diese Methode gewiß manche Erkenntnis gewonnen. Aber entsprechend der häufigen Erfahrung, daß neue Prinzipien in ihrer Wirkung und Bedeutung zunächst leicht überschätzt werden, ist auch bei den Darwinianern vielfach eine Überschätzung und einseitige Anwendung jener Faktoren zur Welterklärung bemerkbar.

Für den Zweck der vorliegenden Abhandlung genügt ein kurzer Hinweis auf diese Thatsache. Wer sich eingehend und mit einigermaßen selbständigem kritischen Nachdenken mit den Einzelheiten des Problems beschäftigt, wird diese Einseitigkeit und Befangenheit des heutigen Darwinismus gar vielfach bemerken. Ganz besonders pflegt die vorteilhafte Wirkung kleiner individueller Unterschiede im Kampf ums Dasein überschätzt und die Bedeutung der Zuchtwahl für die Summierung und Fixierung derselben in einer ganz unnatürlichen Weise vorgestellt zu werden. Man denke nur an das berühmte Bei-

spiel der Giraffen, welches Geschlecht seine Entstehung und
seinen Bestand dem Umstande zu danken hätte, daß einige
Exemplare eines hirschähnlichen Wiederkäuers zufälligerweise
etwas langhalsiger und langbeiniger als die anderen waren
und deshalb bei einer starken Dürre im ganzen Lande, als
alle anderen aus Nahrungsmangel zu Grunde gingen, sich
durch Abfressen der ihnen noch erreichbaren Baumblätter
ernähren konnten, darum am Leben blieben und gerade diese
vorteilhafte Langgliedrigkeit auch auf ihre Nachkommen ver-
erbten.   Oder an die angebliche Entstehung der schnellfüßigen
Raubtiere, genauer gesagt: an die behauptete Ausbildung ihrer
Schnellfüßigkeit durch die — so heißt es — immerfort sich
wiederholende Situation, daß bei einem Mangel an Beute in
der betreffenden Gegend nur die mit etwas längeren und
stärkeren und beweglicheren Beinen ausgerüsteten Exemplare
der Gattung noch am Leben blieben und zur Fortpflanzung
kamen, und daß durch Paarung gerade dieser für den Kampf ums
Dasein ein wenig besser ausgerüsteten Tiere eben diese vorteilhafte
Eigenschaft sich steigerte und zugleich fixierte!! Geht es denn wirklich im Leben der Natur nach solchem Schema? Ist denn wirklich
das bessere Erreichen und Erjagen der Nahrung und damit
die Lebenserhaltung r e g e l m ä ß i g und d a u e r n d abhängig
von der handbreit oder zollbreit größeren Höhe des Halses
oder Länge der Beine? Kommen dafür nicht vielmehr unzählige unberechenbare Zufälligkeiten des Auffindens und des
jeweiligen Aufenthaltes mit in Betracht? Die ersten individuellen Unterschiede, d. h. Vorzüge der einzelnen Exemplare,
deren dauernde regelmäßige Summierung nachgerade wohl einen
Lebensvorteil ergeben würde, s i n d ja z u n ä c h s t n o c h g a r
n i c h t s o v o r t e i l h a f t, daß das Hinsterben und das Er-
haltenbleiben davon abhinge. Wenn ein kurzbeiniger Wolf
in der gedachten kritischen Zeit G l ü c k hat, so ist das viel
mehr wert zu seiner Erhaltung, als ein paar Zoll längere
Beine für den andern. — Und in der Wildnis geht's nicht
so planmäßig und regelmäßig her wie in jener Herde des
„Otterschaf"-Besitzers in Massachusetts, wo die erstmalige

geringe Differenz im Bau der Organismen beachtet und syste=
matisch großgezogen wurde.

Überdies giebt es thatsächlich unzählige Eigenschaften,
wodurch eine Gattung von der nächstverwandten sich unter=
scheidet, die überhaupt gar keinen Vorteil in Bezug auf
Konkurrenzfähigkeit der betreffenden Wesen bedeuten.

Kurz, es ist nicht wohlgethan, die obengenannten Prin
zipien als allgültige Erklärungsformel anzusehen. Sie
reichen nicht aus für die Mannigfaltigkeit in der Welt des
Lebendigen.

4. Den größten Anstoß hat bekanntlich Darwin erregt
durch die (anfangs von ihm selbst noch beiseite gelassene)
Konsequenz seiner Hypothese in Bezug auf die Entstehung des
Menschengeschlechtes: und gerade diese Konsequenz ist für die
Meisten am interessantesten, für Religionsfeinde auch das will=
kommenste Stück des ganzen Systems. Denn stammt der
Mensch von dem Affengeschlechte ab, sei es von einer noch
lebenden, sei es von einer untergegangenen Spezies, stammt
er nur überhaupt aus dem Tierreiche, dann scheint ja der
Vielen so verhaßte göttliche Ursprung und die höhere
Art seines Wesens damit allein schon abgethan zu sein.

Doch ist diese Folgerung, die von christlicher Seite mit
Gemütsunruhe, von unchristlicher mit Wohlgefallen gezogen
wird, nicht richtig. — Der physische Ursprung eines Wesens
und das Material seines Gebildes ist noch keineswegs das
Wesen selbst! Ist denn ein Buch mit verständigem Inhalte
wirklich nichts weiter als Papiermasse und Druckschwärze?
und ist die Entstehung eines Buches wirklich nur die Summe
der Vorgänge in der Papiermühle, der Druckerei und der
Buchbinderei? Nein. Das physische Material und seine Zu=
bereitung nimmt ihm nichts von seinem geistigen Ursprunge
und seinem geistigen Charakter.

Es giebt (wie schon oben in anderm Zusammenhange
beachtet wurde) verschiedene Sphären des Wirk
lichen: das Materielle, das Organische und das
Geistige.

Alles Organische ist aufgebaut aus Materiellem, aber es stammt nicht aus dem Materiellen. — Selbst wenn die „generatio aequivoca" noch heute zu finden wäre (worauf nach Pasteurs Experimenten kaum noch zu rechnen ist), so würde doch jede Lebensfunktion etwas anderes sein als nur die Summe von stofflichen Prozessen, so würde doch die orga- nische Kraft, die zu ihren Funktionen immer des Stoff= wechsels bedarf, etwas anderes sein, als die immer an ihre Stoffteilchen gebundenen Stoffkräfte. Im orga nischen Leben ist eben etwas Anderes, etwas Neues in die Materie eingetreten, was seinen Ursprung nicht aus ihr hat. Ebenso ist nun auch das Geistige im Menschen noch etwas anderes als bloß organische Kraft: es bedarf des anima= lischen Lebens zu seinem Entstehen und Bestehen, aber es ist nicht identisch mit ihm, ist auch nicht sein Produkt, weil es etwas spezifisch Anderes und zwar Höheres ist.

So wenig uns nun das geistige Wesen des Individuums dadurch entwürdigt wird, daß wir seinen Zusammenhang mit dem Animalischen, ja auch mit dem Materiellen erkennen und anerkennen; so wenig uns ein menschlicher individueller Gedanke dadurch zu einer bloß tierischen Gehirnfunktion herabgesetzt wird, daß wir wissen: er ist durch den Dienst eines animalischen physischen Organes zu stande gekommen: ebenso wenig brauchen wir es an sich für eine Her= abwürdigung des Menschengeschlechtes zu halten, wenn behauptet wird, es habe sich aus dem Tierreich heraus entwickelt. Wenn das geschehen ist, dann ist ge rade damit, in demselben Zeitpunkte, etwas Neues in die Welt der animalischen Wesen eingetreten; da liegt dann der Anfang einer neuen Entwicklungsperiode; da ist der Über gang des Animalischen in eine höhere Sphäre. Und die Ursache von diesem Übergange des Animalischen in die Sphäre des Geistes muß natürlich selbst eine Energie von geistigem Wesen sein. Treibt uns aber das Kausal gesetz zu dieser Erkenntnis, dann ist auch klar, daß wir um der Religion und um der Menschenwürde willen

uns nicht zu sträuben brauchen gegen die Hypothese vom
Ursprung des Menschengeschlechtes aus dem Tierreiche.

Aber es liegt ein wissenschaftliches Bedenken
gegen diese Hypothese vor, wenigstens gegen ihre übliche
Gestalt.

Die Erfahrung lehrt, daß die Entwicklung des Menschen
(wie auch die der Tiere) keineswegs immer das gleiche Tempo
während der ganzen Lebensdauer festhält. Die Kraft des
Wachstums, des physischen wie des psychischen Fortschrittes ist
in der Jugendzeit viel größer als im späteren Leben, wird mit
dem Alter allmählich immer geringer. — Wenn wir auch nur
das sichtbare, allgemein bekannte, mit der Geburt beginnende
selbständige Leben des Individuums beachten, ist es nicht
merkwürdig, daß der Mensch bereits mit etwa zwei Jahren
die Hälfte seiner vollen Körperlänge erreicht, merkwürdig, daß
kaum der vierte Teil der normalen Lebenszeit darüber ver=
geht, bis der gesamte Organismus in seiner vollen Größe,
Kraft und Reife ausgebildet ist? Weniger beachtet, aber ebenso
beachtenswert ist die ganz analoge Entwicklungsweise auf dem
seelischen, geistigen Gebiete. Wenn die Sinnesorgane samt
dem ganzen Aparat der sensibeln Nerven (durch einen wunder=
baren Bildungsprozeß vor der Geburt) hergerichtet sind, so
bedarf es noch gar vieler Thätigkeit und Übung, bis sie ihren
Dienst zweckentsprechend thun können. Allmählich fängt dann
auch die Seele an, die Eindrücke zu Wahrnehmungen zu ver=
arbeiten und die Wahrnehmungen als Vorstellungen festzu=
halten und zu allgemeinen Begriffen abzuklären. Und alle
diese Thätigkeit des Wahrnehmens, Vorstellens und Denkens
wird begleitet und ausgedrückt durch sprachliche Laute, wie ja
auch das Empfinden und das Begehren sich hörbar macht, sei
es durch Naturlaute, sei es in erlernter Sprache. Die Sprache
ist uns einerseits ein Mittel zum Ausdruck unseres Denkens,
anderseits ein Mittel zum Denkenlernen, zur Aufnahme und
Unterscheidung von Begriffen. Welch eine ungeheure Menge
von Worten und Wortformen samt ihren Konstruktionen im
Satze lernt ein Kind in seinen ersten drei bis vier Lebens=

jahren! Und das sind eben nicht nur hörbare Klänge, nicht nur Übungserfolge des Ohres und der Sprachorgane, sondern — was vor allem erstaunlich ist — das ist geistige Arbeit, die das Kindlein ohne Mühe und spielend leicht verrichtet: eine ganze Welt von Begriffen, Anschauungen, Wahrnehmungen hat die Kindesseele in so kurzer Zeit in sich aufgenommen! eine Leistung, die wohl größer ist, als was später selbst ein Gelehrter, dessen Leben ein Forschen und Lernen ist, in Jahr= zehnten erarbeiten kann!

Es ist die Jugendkraft, die solches leistet! — So ist es bei dem Individuum. Und wir haben allen Grund, die Entwicklung des Menschengeschlechts dem analog zu denken. Solche Analogie hat schon an sich die größte Wahrscheinlichkeit für sich. Dazu ist nun in der neueren Wissenschaft wenigstens in Bezug auf die körperliche Ausgestaltung die Analogie zwischen der Entstehung der Gattung und der Ausbildung des Einzelwesens besonders her= vorgehoben, ja geradezu zu einem Forschungsprinzip, zu einem methodischen Grundsatze erhoben worden.*)

Demnach ist es nun doch höchst unwahrscheinlich, daß gerade der späteste Trieb am alternden Baume der Tierwelt, nämlich das Affengeschlecht noch in seinem Greisenalter den allergrößten Schritt, den es für die animalia giebt, gethan haben sollte, nämlich den Schritt zum bewußten Geistesleben, d. i. den Schritt zum Menschwerden! Dieser Schritt ist in der That so groß, daß selbst die klügsten und dressurfähigsten Tiere, ob= wohl sie Jahrtausende schon unter dem unverkennbar fördernden Einflusse des Menschen stehen, soweit unsere Erfahrung reicht, ihn noch niemals gethan haben.**)

---

*) Es ist Häckels Verdienst, diesen Gesichtspunkt als einen be= herrschenden geltend gemacht zu haben: die Genesis der Art ist analog der Genesis des Einzelwesens; oder: die paläontologische Phylogenesis entspricht der embryologischen Ontogenesis.

**) Naturlaute haben die Tiere und geben darin ihre Stimmung kund, teilen sie auch andern Gattungsgenossen mit; aber obwohl auch

Vielmehr führt uns jene Erfahrungsthatsache, daß die größten Entwicklungsfortschritte dem Jugendalter eigen sind, durch Analogieschluß zu der Vermutung, daß ein jugendkräftiges Reis aus einer frischen neuen Wurzel animalischen Lebens es gewesen ist, welches einst die Grenzlinie des Bewußtseins überschritten hat, d. h. Mensch geworden ist.

Mit andern Worten: Nach Analogie der uns bekannten animalischen und menschlichen Entwicklung ist anzunehmen, daß zu all den schon vorhandenen Lebewesen des bereits alternden Tierreiches ein neues jugendfrisches Lebewesen hinzugekommen sei, von derselben, zur vorhandenen wirklichen Welt passenden Beschaffenheit wie jene, entstanden, entwickelt, organisiert ganz wie jene; aber befähigt, in schnellem Entwicklungslaufe, ohne jahrhundertelanges Verweilen auf den einzelnen Vorstufen, das vorbestimmte Ziel des Menschentumes zu erreichen.

Die Möglichkeit einer zweiten späteren Entstehung von Lebewesen, analog jener ersten unbestreitbar irgendwann geschehenen, und die Möglichkeit eines nunmehr unter veränderten Naturverhältnissen viel schnelleren Entwicklungsganges kann wohl nicht bestritten werden. Und jedenfalls wird die Descendenzhypothese durch diese Modifikation*) ein gut Teil einwandsfreier und annehmbarer. Auch unserer christlichen Anschauungsweise würde diese Annahme über die Entstehung des Menschengeschlechtes doch beträchtlich näher liegen, als die herkömmliche „Affentheorie". Indessen möge klar und bestimmt festgehalten werden, daß auch die herkömmliche Theorie, falls sie nur ehrlich das spezifische Wesensmerkmal des Menschen-

---

z. T. im Besitz sprachfähiger Organe — sprechen können sie nicht, „weil sie nichts zu sagen haben", d. h. keine ihnen selbstbewußten Gedanken haben. Erst durch das unterscheidende Bewußtsein können Naturlaute zur Sprache werden.

*) Diese schon vor einigen zwanzig Jahren von Wiegand angeregten Erwägungen haben leider, wie es scheint, nicht die verdiente Beachtung gefunden.

geschlechtes — seinen geistigen Charakter — beachtet und ehrlich die zureichende Ursache dafür statuieren will, logischer Weise gar nicht umhin kann, für die Erreichung der Menschheitsstufe außer den im animalischen Leben wirksamen Faktoren noch eine neu hinzugekommene Wirksamkeit anzusetzen. Wird aber dies klar und ehrlich von dem Darwinisten anerkannt, so hat derselbe damit auch seine Gegnerschaft gegen die religiöse Weltanschauung aufgegeben und pflichtet derselben Wahrheit bei, die in der Genesis mit den schlichten, kindlich verständlichen Worten ausgesprochen ist: Gott schuf den Menschen Ihm zum Bilde, zum Bilde Gottes schuf er ihn!

7. Enthalten die Berichte über das Leben Jesu Christi geschichtliche Wahrheit?

„Das ist das Gericht, daß das Licht in die Welt ge=
kommen ist." An Christo scheiden sich die Geister. — Viele
vollziehen die Entscheidung — sei es für, sei es gegen ihn
— mit Willen und Wissen, schnell und bestimmt. Andere
lassen die Sache lieber auf sich beruhen; aber sie vollziehen
trotzdem eben durch ihre Gleichgültigkeit diese Entscheidung
ebenfalls, ohne es zu wissen.

Noch Andere schwanken und zweifeln, während sie doch gern
zur Wahrheit und Klarheit kommen möchten. Ihnen gehört
das Werk und die Geschichte, die Person und das Wesen
Christi zu den Erkenntnisproblemen. — Aber was
schon anfangs in Bezug auf die gesamte religiöse Erkenntnis
gesagt ist, das gilt insbesondere auch hier: eine bloß ver=
standesmäßige Untersuchung führt nicht zum Ziele. Für das
rechte Verständnis ist persönliche innerliche Beteiligung und
Erfahrung unerläßlich.

Kann schon Niemand für sinnlich=geistige Dinge, für
ästhetische Gegenstände Verständnis gewinnen, wenn er nur
die objektiven Verhältnisse der Töne, der Farben, der Ge=
stalten u. s. w. untersucht, allenfalls auch die von Andern be=
zeugten Eindrücke derselben auf die menschliche Seele in Be=
tracht zieht, ohne selbst einen persönlichen Eindruck davon
erlebt zu haben; kann schon Niemand ein rechtes Verständnis
für die geistigen Dinge des menschlichen Gemeinschaftslebens

wie Liebe, Treue, Freundschaft u. s. w. haben, wenn er nur
objektive Thatsachen und ihre Berichte kennt, ohne selbst in
seinem inneren Leben irgend eine Erfahrung davon zu haben:
so kann sicherlich auch Niemand die Bedeutung des Lebens
und der Person Jesu Christi und die in ihm gegebene Gottes=
offenbarung recht verstehen, wenn er nur mit der kühlen Wiß=
begierde historischer, psychologischer oder dogmatischer Forschung
herantritt oder etwa auch alle, vielleicht ganz zutreffenden Aus=
sagen und wohldurchdachten Theorien anderer Menschen, alle
kirchlichen Dogmen mit respektvollem Sinne in sich aufnimmt.
Nur die persönliche Erfahrung von der Wirkung des Lebens
und der Person Jesu Christi auf das eigene Herz und Leben
giebt uns ein wirkliches Verständnis für diese höchste, voll=
kommene Gottesoffenbarung. Es handelt sich dabei eben nicht
bloß und nicht hauptsächlich um eine möglichst umfassende,
möglichst klare und möglichst logisch konzinne Auffassung des
geschichtlich Gegebenen; sondern Herz und Wille muß beteiligt
sein. Hingebung und Heiligungsernst ist Grundbedingung des
Verständnisses.

Wer dem gottgepflanzten Triebe nach völliger Herzens=
reinheit und völliger Gottesgemeinschaft Raum giebt, wer
den Mut hat, seinem Leben wirklich und immer die Richtung
auf Gott zu geben, und dabei des großen Mangels und tiefen
Verderbens der menschlichen Natur sich bewußt wird: der
lernt's dann auch verstehen, wie Jesus Christus in seinem
Erdenleben den Hilfsbedürftigen, den unter Schuld und
Sündenmacht Seufzenden, den nach Gott Verlangenden Hilfe,
Befreiung, Frieden und Seligkeit gebracht hat; und wenn er
in diesem heilbringenden Menschenleben eine
Gotteshilfe, ja die größte vollkommenste Offenbarung
des sich ewig gleichen, ewig treuen Gottes er=
kennt und darum auch Vertrauen und Mut gewinnt, eben
daraus auch für sich selber, für allen Jammer, Schuld und
Mühsal seines eigenen Lebens Hilfe, Erlösung und Tragkraft
zu nehmen: dann wird es ihm eine verstandene Wahr=
heit, und zwar eine liebliche, selige, teuer werte Wahrheit,

was Dr. M. Luther auf die Frage: was hat Jesus Christus
mir zu bedeuten? als Antwort giebt: „Ich glaube, daß J.
Chr., wahrhaftiger Gott v. V. in Ewgkt. geb. u. auch wahrh.
M. v. der Jgfr. M. geb., sei mein Herr, der mich erlöset hat . . ."

Ist der menschliche Geist in der richtigen Verfassung,
und ist es ihm Ernst um die Erkenntnis Gottes und Jesu
Christi, dann sind ihm auch die Irrtümer und Vorurteile
überwindbar. — Eine Hauptbekämpferin der Vorurteile ist die
Kritik. Sonderbarerweise kann aber auch sie gerade in Vorurteile sich verstricken. Das ist unter andern auch der
Evangelien-Kritik begegnet, und zwar wesentlich infolgedessen,
daß sie gar oft, auch in der Hand von hochgelehrten Männern,
einer Tendenz dienstbar gewesen ist, und zwar einer
negativen, d. h. Christum herabsetzenden Tendenz. Und weil
der dabei aufgebotene Apparat von Wissenschaft, von historischer Forschung und Hypothese, vielfach nicht bloß als ein
Zeichen von Wissenschaftlichkeit, sondern auch als ein Beweis
des Rechts, als ein Wahrheitszeugnis angesehen wird, so
haben sich heutzutage viele Gebildete und Halbgebildete ein-
reden lassen, um die Glaubwürdigkeit der Evangelien stünde
es recht schlimm.

Diese Meinung aber ist einfach ein falsches
Vorurteil; und Niemand sollte sich dadurch in seiner
Glaubensüberzeugung einschüchtern lassen. Es wäre sehr zu
wünschen, daß nicht bloß die jungen Theologen, sondern auch
andere wissenschaftlich Gebildete den Mut hätten, diese Sache
einmal mit konservativem Interesse selbständig und gründlich
durchzuprüfen.

Es liegt nicht im Plane dieser Abhandlung, die ganze
Evangelien-Kritik hier darzulegen und kritisch zu beleuchten;
nur auf zweierlei muß notwendigerweise hingewiesen
werden.

1. Die kritische Forschung über die Entstehung
unserer Evangelien und besonders über das Verhältnis der Synoptiker zu einander steht vielfach

unter dem Banne einer herkömmlichen, aber doch für jene alte Zeit gar und ganz nicht zutreffenden Vorstellung von der Schriftstellerei der Evangelisten.

Mit großem Fleiß und großem Scharfsinn haben sich Viele bemüht, den Modus der Entlehnung der einzelnen Stücke der Evangelien aus den andern — vorhandenen oder auch nicht mehr vorhandenen — Evangelien aufzufinden und das litterarische Verwandtschaftsverhält nis unserer Synoptiker festzustellen. Solche Arbeit hat wohl einen Reiz und kann manchem erfolgversprechend scheinen. Aber abgesehen von der Unmöglichkeit, irgend eine jener Verwandtschaftshypothesen wirklich konsequent durchzuführen und ihre Evidenz zu erweisen, so ist die ganze Voraussetzung dabei, daß die betreffenden evangelischen Schriftsteller eine oder mehrere fertige Schriften vor sich liegen gehabt und dann bald wörtlich gleich, bald mit ziel bewußter oder auch zweckloser Änderung einzelner Ausdrücke, einzelner Satzgefüge, auch mit mancherlei Umstellung der Gedankenfolge daraus abgeschrieben, das ihnen Vorliegende umgearbeitet hätten: diese ganze Voraussetzung ist so unnatürlich wie nur möglich! Was in aller Welt sollte Jene zu einem derartigen Umarbeiten und Niederschreiben bewogen haben? — Man mache nur ernstlich im einzelnen den Versuch, einen vernünftigen Zweck der Wort- und Satz-Änderungen, wie sie nach dieser oder jener Hypothese müßten stattgehabt haben, zu erkennen und anzugeben! — Aus Hunderten nur ein Beispiel: Der Angstruf der Jünger auf dem See lautet

bei Matth.: Κύριε, σῶσον ἡμᾶς ἀπολλύμεθα —

bei Mark.: Διδάσκαλε, οὐ μέλει σοι ὅτι ἀπολλύμεθα —

bei Luk.: Ἐπιστάτα, ἐπιστάτα, ἀπολλύμεθα. —

Da ist es doch rein undenkbar, daß irgend einer der drei Evangelisten, oder auch zwei, oder auch alle drei einen schriftlich vorliegenden Wortlaut vor Augen gehabt und dann absichtlich denselben sollten geändert haben! — Ebenso gleich darauf:

bei Matth.: καὶ ἐλθόντι αὐτῷ εἰς τὸ πέραν εἰς τ. χωρ. τ. Γ.
bei Mark.: Καὶ ἦλθον εἰς τὸ πέραν εἰς τὴν χ. τ. Γ.
bei Luk.: καὶ κατέπλευσαν εἰς τὴν χώραν . . . ἥτις ἐστ.
     ἀντιπέραν.

Wer sich noch einige Unbefangenheit bewahrt hat, noch nicht auf eine dieser Hypothesen eingeschworen ist, versuche einmal, **gänzlich abzusehen von jeder schriftlichen oder schriftlich vermittelten Abhängigkeit, von jeder irgendwie gedachten litterarischen Verwandtschaft unserer Evangelien untereinander** und versuche statt dessen jedes der drei synoptischen Evangelien für sich **unmittelbar aus mündlicher Mitteilung, aus mündlicher Tradition** herzuleiten.*)

Wir wissen ja aus der Apostelgeschichte, und es ist auch ganz selbstverständlich, daß die Jünger nach dem Hingange ihres Meisters von seinem Leben, Worten und Werken den Christen erzählt haben. Bei dieser oft wiederholten mündlichen Mitteilung hat sich ganz naturgemäß unwillkürlich eine bestimmte **gleichartige Erzählungsweise** herausgebildet, eine gewisse Stabilität sowohl des Inhalts wie auch des Ausdrucks und der hervorgehobenen Gesichtspunkte.**)

Bringen wir dies eigentlich selbstverständliche naturnot-

---

*) So schon Gieseler i. J. 1818.

**) Jedermann kann diese Erfahrung an sich und Andern machen, daß unser mündliches Erzählen von irgend einem Erlebnis durch öftere Wiederholung eine gewisse stereotype Form bekommt, und daß nicht bloß ein und derselbe Erzähler, sondern dann auch andere, die ihm öfter zugehört haben — mögen sie das Ereignis mit erlebt haben oder nicht — nachgerade in einer nach Inhalt, Ordnung und Ausdruck ungefähr gleichen Weise zu erzählen pflegen. — Der Einwand gegen die Gieselersche Auffassung, daß die so weit gehende, auch wörtliche Übereinstimmung der Berichte, falls sie nur auf mündlicher Tradition beruhe, wenigstens „eine förmliche Verabredung" voraussetze und „ein mechanisches Auswendiglernen und Einlernen" dabei nötig gewesen sein würde, wird einfach hinfällig durch die Erfahrungsthatsache, daß allein schon öftere Erzählung desselben Erlebnisses ohne alle Verabredung und ohne alles Auswendiglernen eine bis zum wörtlichen Ausdruck reichende Gleichförmigkeit des Erzählens zu bewirken pflegt.

wendige Vorhandensein einer im Jüngerkreise entstandenen
mündlich firierten Tradition von Jesu Christo in Anschlag,
dann erklärt sich ganz von selbst alle inhaltliche und formelle
Gleichheit der parallelen Abschnitte in den Synoptikern; und
anderseits kann auch die überall dazwischen wieder hervor=
tretende z. T. ganz geringfügige Ungleichheit nicht befremden;
und um so weniger, wenn wir auch daran denken, daß die
mündliche Tradition in der Jerusalemischen Gemeinde natur
gemäß in der aramäischen Sprache lebendig war, und daß
ihre Wiedergabe in griechischer Sprache gar verschieden
lauten konnte.

Wir dürfen nun annehmen, daß diejenigen Abschnitte der
Geschichte Jesu, welche nur in einem der synoptischen Berichte
stehen, nicht zu den oft erzählten und Gemeingut ge=
wordenen gehörten. Solche, der Parallele entbehrenden Ab=
schnitte finden sich nun bezeichnenderweise besonders zahlreich
und von mannichfaltiger Art in dem dritten syn. Evangelium,
dessen Verfasser, (wie er selbst in der Einleitung sagt) noch
ausdrückliche Nachfrage über Jesu Leben gehalten hat und
zwar (wie wir aus manchen Stellen merken können) besonders
bei Freunden und Verwandten Jesu.

An Umfang nicht geringer, aber gleichartiger sind die
dem ersten Evangelium allein angehörigen Abschnitte; zu
meist sind es Gleichnisse und andere Reden des Herrn, die
auch wieder nicht aus der durch häufige Wiederholung ent
standenen mündlichen Tradition, sondern aus der eigenen
(natürlich nie karg zurückgehaltenen, nie vergraben gewesenen)
Erinnerung eines Jüngers in diese Schrift gekommen sind.
Dazu stimmt ja auch die alte Nachricht des Papias bei Euse
bius, daß der Jünger Matthäus die λόγια des Herrn auf
geschrieben habe.

Bei Markus trägt fast alles das Kennzeichen der Zu=
gehörigkeit zu dem Gemeingut der mündlich festen Tradition;
ausgenommen ist eigentlich nur der eigentümliche Abschnitt
vom Blinden zu Bethsaida (8,22).

Da sich die allgemeine apostolische Verkündigung von

Christo natürlich nur auf die Zeit seines öffentlichen Berufs=
lebens und der unmittelbaren Vorbereitung dazu und auf
seinen Vorläufer Johannes bezog, so ist es auch wohl ver=
ständlich, daß die mündlich fest gewordene Tradition n i c h t s
enthielt über Jesu Jugendzeit und die Vorgeschichte. Was
darüber bei Matthäus und bei Lukas geschrieben steht, ist unter
sich n i c h t parallel, deutet also auch n i c h t auf jene gemein=
same mündliche apostolische Quelle zurück. Die beiden Be=
richte über die Geburtsgeschichte lassen sich immerhin, wenn
man will, kombinieren; die beiden Genealogien sind jedoch
unvereinbar. Das soll man ehrlich anerkennen und keine
unehrliche harmonistische Kunst anwenden. Mindestens eine
von beiden muß unzutreffend sein! — Ist das nun ein Ver=
lust an der Glaubwürdigkeit der Evangelien?! Bei der alten
Inspirationstheorie würde das allerdings ein Leck im Schiff
bedeuten; die litterarische Forschung aber (man nenne sie auch
„Kritik") lehrt uns unterscheiden zwischen dem von den
Aposteln gepredigten Wort der Wahrheit und der menschlichen
Umrahmung dieses Kleinods.

Die Glaubwürdigkeit der synoptischen Evangelien wird
nun noch wesentlich verstärkt durch den Umstand, daß diese
Schriften, wenn auch nicht von Augenzeugen*), so doch sämt=
lich noch i n d e r A p o s t e l z e i t geschrieben sind, die — wie
es von Markus und Lukas ausdrücklich bekannt ist — per=
sönliche Beziehungen zu den Aposteln hatten. Es bedarf gar
keines äußerlichen hinzukommenden Zeugnisses oder Beweises,
daß die syn. Evangelien aus der Apostelzeit herrühren; aus
ihnen selbst ist es zu ersehen, daß die vom Herrn geweissagte
Zerstörung der Stadt Jerusalem noch nicht eine er=
lebte Thatsache war, als sie geschrieben wurden. Außerdem
ist diese selbige Abfassungszeit auch noch klar ersichtlich aus
dem Schlusse der nach dem 3. Evangelium von demselben
Verfasser geschriebenen Apostelgeschichte. Als der Verfasser

---

*) Das uns vorliegende griechische Ev. Matth. ist wohl eine
Bearbeitung der apostolischen Schrift der λόγια, aber doch nicht identisch
mit ihr.

diesen Schlußsatz schrieb, hatte er offenbar von dem Tode des Apostel Paulus noch keine Kenntnis. Zugleich sind diese Worte ein deutliches Merkmal dafür, daß die Schrift keineswegs von einer späteren fremden Hand überarbeitet ist: sie markieren noch ganz klar den Abschluß des Werkes, (so wie die rote Scheibe oder Laterne das regelrechte Ende eines Bahnzuges markiert). Wäre das Werk später erst noch überarbeitet worden, so könnte der Tod des Paulus nicht unerwähnt geblieben sein. Das allein genügt schon zur Widerlegung jener tendenziösen Hypothese von einer Zusammenarbeitung der Apostelgeschichte aus mehrern Quellschriften, deren Anhänger übrigens mit Nutzen die Abhandlung des Philologen Blaß über die Apostelgeschichte lesen könnten.*)

Wer bei alle dem noch im Bewußtsein behält, daß jene Evangelisten und ebenso auch die ersten Verkündiger Jesu Christi nicht etwa geniale Dichter oder mit Neuheit prunkende Schriftsteller, auch nicht kluge herrschsüchtige Betrüger, sondern schlichte fromme Leute waren, dem muß ja — falls er nicht aus innerer Abneigung gegen das uns vor Augen gestellte Lebensbild Jesu Christi nach Gründen des Zweifels und der Ablehnung sucht — die Geschichtsschreibung der Synoptiker von vornherein eine sehr bedeutende Glaubwürdigkeit haben! natürlich nicht in dem

---

*) Bei dieser Gelegenheit sei wieder einmal auf die höchst ansprechende Vermutung hingewiesen, welche schon vor dreißig Jahren ausgesprochen wurde, aber, wie es scheint, nicht die gebührende Beachtung gefunden hat, daß der in der Überlieferung „Lukas" genannte Verfasser identisch sei mit „Silas", dem Begleiter des Paulus, von dessen Hinzukommen an bekanntlich in der Erzählung das „Wir" sich findet und zwar bis zum Schlusse hin. Es ist ja wohl begreiflich, daß dieser Missionsgehilfe auf italischem Boden seinen Namen Silvanus = Silas, der dort an eine heidnische Gottheit erinnerte, nicht mehr tragen wollte, sondern ihn gegen den gleichbedeutenden Lucanus = Lucas vertauschte. — In den früheren Briefen Pauli findet sich der Name Lucas noch nirgends, sondern nur Silvanus; hingegen in den aus Rom geschriebenen nie mehr Silvanus, wohl aber Lucas.

8*

Sinne, daß wir in jedem Stück sozusagen protokollarisch ge-
nauen Bericht über die Worte des Herrn und über all sein
Thun hätten, aber doch in dem Sinne, daß uns ehrlich
das berichtet ist, was die Jünger und auf Grund
ihrer Verkündigung die ältesten Christen von der
Geschichte und der Person Jesu in ihrem Bewußtsein
und Herzen trugen.

Mehr noch als die Synoptiker ist das Johannes-
Evangelium als unglaubwürdig angefochten worden. Im
Grunde sind es dogmatische und geschichtsphilosophische Be-
weggründe gewesen, die zur Bestreitung seiner Echtheit geführt
haben und zur Erfindung jener berühmten Hypothese, daß
unser 4. Evang. eine Tendenzschrift aus der Mitte (oder
wenigstens aus dem Anfange) des zweiten Jahrhunderts sei,
geschrieben von einem unbekannten Verfasser zur Überwindung
gewisser Richtungen in der alten Kirche und mit dem Anspruch johanneischen Ursprungs. Wenngleich diese Baursche
Hypothese selbst jetzt als unhaltbar erkannt worden ist, so ist
es doch immer noch eine Art Modesache, das vierte Evangelium wenigstens für unecht, für nachapostolischen Ursprungs zu halten. Diese Annahme hat nun einmal den Ruf
der „Wissenschaftlichkeit" und behält ihn bei denen, welchen die
Bestreitung der herkömmlichen kirchlichen Auffassung an sich
schon als eine Empfehlung gilt.

Diesem Vorurteil gegenüber kann nur dringlichst auf-
gefordert werden, daß doch jeder junge Theologe und jeder Historiker, dem an der Erkenntnis des wahren Sachverhalts gelegen
ist, versuchen möge, durch Prüfung der Gründe und Gegen-
gründe und vor allem durch ein möglichst vorurteils-
freies zusammenhängendes Durchlesen des Evangeliums selber eine eigene Einsicht zu gewinnen. — Wer
vorurteilsfrei und mit innerer Beteiligung dies Evangelium
liest, der muß einen bedeutenden Eindruck davon empfangen,
und besonders wird er auch den Eindruck haben, daß dieser
Verfasser mit einer echten souveränen Selbständigkeit
und mit der Sicherheit des Wissenden schreibt, nicht mit einer

kleinlichen und versteckten Polemik gegen anders gesinnte
Christen und ebenso wenig mit ängstlichem Blick auf die in
der Gemeinde bereits bekannten synoptischen Evangelien. —
Auf allgemeiner Tradition beruht das, was er sagt und
wie er's sagt, offenbar nicht. Es giebt nur die Alternative:
entweder beruht der Inhalt des vierten Evangeliums auf
Erfindung oder auf eigener Erinnerung. — Hätte nun
irgend ein Mensch im zweiten Jahrhundert, oder überhaupt
in nachapostolischer Zeit eine Reihe geschichtlicher Bilder aus
dem Leben Christi zu erdichten und aufzuschreiben unternommen,
so würde seine Schrift doch ganz sicher nach Inhalt und
Form den vorhandenen Evangelien viel ähnlicher geworden
sein, als das vierte Evangelium den drei ersten ist. Höchstens
eine gewisse Trübung des heiligen Wesens Jesu Christi
(wie sie in der That recht grob in den apokryphischen Evangelien vorliegt) würde es von den apostolischen Mitteilungen
unterscheiden. Wie sollte ein frei dichtender Verfasser späterer
Zeit auf die Erfindung jener eigenartigen Gesprächsgegenstände
gekommen sein? Wie sollte er es gewagt haben, z. B. nicht
bloß jene im vierten Evangelium sich findenden Worte
des Gekreuzigten zu erdichten, sondern auch die allbekannten synoptischen ganz fortzulassen, wenn es ihm darum
zu thun war, daß seine Schrift für eine apostolische gehalten
werden möchte? Ferner wie hätte er darauf kommen sollen,
so einzelne und an sich so unbedeutende kleine Umstände
der Zeit und Angaben des Ortes einzufügen, die als
absichtliche Erfindung gar keinen Zweck und Sinn hätten,
während sie als unwillkürliche Erinnerung an jene bedeutsamen Ereignisse sehr natürlich sind.*)
Und wie das Ev. in allem Großen und Kleinen durchaus den Charakter des Erlebten nicht des Erdachten trägt,

---

*) Vgl. Joh. 1,40 Es war aber um die zehnte Stunde; 6,19 sie
waren aber 25 bis 30 Stadien gefahren; 8,20 es war aber am Gottes-
kasten, wo Jesus diese Worte sprach; und besonders auch Joh. 20, 4—8
Simons und Johannis Gang zum Grabe.

so trägt es auch in den großen wie in den geringfügigen Abweichungen von der synoptischen Darstellung durchaus den Stempel des Natürlichen, des Ursprünglichen und der größeren Genauigkeit! während auch wieder der Grund für die mangelnde Genauigkeit bei denen, die nicht aus unmittelbarer Erinnerung der Augenzeugenschaft schrieben, wohl verständlich ist. So haben die wiederholten Besuche Christi in Jerusalem zu den Festzeiten schon an sich höchste Wahrscheinlichkeit und werden überdies noch bezeugt durch das Wort Christi bei Matth. u. Luk.: „Jerusalem, Jerusalem, wie oft habe ich deine Kinder versammeln wollen" u. s. w. Daß aber diese Besuche Jesu in Jerusalem bei den Synoptikern nicht erzählt sind, stimmt gerade zu ihrer Abhängigkeit von der mündlichen Tradition, weil ja die Apostel in der Gemeinde von Jerusalem naturgemäß gerade das zu erzählen pflegten, was sie nicht in Jerusalem, sondern in Galiläa erlebt hatten. Auch das ist naturgemäß, daß bei den ersten Besuchen und Auftreten Jesu in Jerusalem bei den Festversammlungen die Jünger selber gar nicht in ihrer Schar um den Herrn versammelt zu sein pflegten — mit Ausnahme der letzten Passahzeit, wo bei dem gesteigerten tödlichen Hasse der Feinde und angesichts seines nahen Todes der Herr seine Jünger mehr und enger um sich hielt, auch nachts mit ihnen in Bethanien zu bleiben pflegte. Von diesen letzten Tagen in Jerusalem, insbesondere von dem letzten Abend in seiner Gemeinschaft, von seinem Leiden und Sterben und seiner Auferstehung haben die Jünger dann selbstverständlich auch verkündigen müssen. So ist es — näher betrachtet — ganz naturgemäß, daß die Synoptiker nur einen Besuch Jesu in Jerusalem, den letzten seines Lebens, enthalten; und wiederum ist es auch naturgemäß, daß sie denjenigen wichtigen und für die Öffentlichkeit bestimmten Akt, den sie aus einem früheren (nämlich dem ersten) Auftreten Christi in Jerusalem — auf Grund allgemeiner apostolischer Tradition — erzählen mußten: nämlich den Akt der Tempelreinigung da erzählen, wo allein sie von einem Aufenthalte Christi in Jerusalem handeln, d. h. zu Beginn der Leidens=

woche. — Die innere Wahrscheinlichkeit spricht durchaus für
den johanneischen Bericht, nämlich, daß Christus gleich bei
seinem ersten amtlichen Auftreten in Jerusalem diesen dekla
ratorischen Akt vollzog. Damals gehorchten ihm die Beteiligten
unter dem unmittelbaren Eindrucke seiner hoheitsvollen Per
sönlichkeit und in dem Bewußtsein, daß er Recht damit habe.
Nachdem dann aber der Gegensatz der Priesterpartei deutlich
hervorgetreten und zur offenen Feindschaft geworden war, da
wußten die Händler nur zu gut, daß sie an den Priestern
und Hohenpriestern Rückhalt hatten, und würden gewiß nicht
mehr das Feld geräumt haben. —

Bekanntlich nehmen Viele — nicht ohne Grund — An
stoß an dem Wandeln Christi auf dem Meere. Bei den
Synoptikern (Matth. 14 u. Mark. 6) ist ganz deutlich die
Auffassung zu erkennen, welche unter dem Eindrucke jener
stürmischen, durch Schreck und Überraschung ihnen etwas ge
heimnisvoll gewordenen Nacht sich in der Erinnerung und
Erzählung herausgebildet und festgesetzt hatte, daß Christus
auf dem Meere gegangen sei. Wer dies als Thatsache an=
nehmen will, dem kann man es ja nicht bestreiten. Doch ist
es nach dem protestantischen Grundsatze „scriptura scripturae
interpres“ auch gewiß nicht verwerflich, die Geschichte streng
nach dem Berichte bei Johannes zu verstehen und seine, als
des Augenzeugen Darstellung für genauer und richtiger, für
ungetrübt zu erachten; und bei Johannes merken wir, daß
die Jünger im Schiff zunächst wohl den Eindruck und die
Meinung hatten, der Herr wandele auf dem Meere, da sie
nach ihrer Schätzung etwa dreiviertel Meilen gefahren waren
und noch ferne vom Ufer zu sein glaubten; doch auch daß
sie unvermutet schnell schon ans Land kamen, als sie ihn eben
ins Schiff aufnehmen wollten. Johannes erzählt uns also
wohl die staunende Überraschung, die sie erlebt haben; aber
ein Wunder, ein thatsächliches Wandeln auf dem Wasser er
zählt er nicht.

Ebenso ist auch bei Johannes der Bericht über die Er
scheinungen des Auferstandenen klarer und konsequenter als

bei den Synoptikern. Natürlich kommt hier nur Kap. 20 als johanneisch in Betracht (denn Kap. 21 ist später erst, offen= bar nach dem Tode des Jüngers von solchen, die ihm per= sönlich nahegestanden, hinzugefügt worden, vgl. V. 24). In dieser johanneischen Darstellung ist nun klar zu erkennen, was bei den Synoptikern etwas verwischt und undeutlich geworden ist, daß die Erscheinung des Auferstandenen durchaus un= körperlich gewesen. Seine wirkliche Nähe hat er den Getreuen und Empfänglichen unzweifelhaft kund gethan. Die Bezeugung seiner realen Gegenwart ist ihrer Seele so stark, so deutlich gewesen, daß auch ihr Auge und Ohr „auf= gethan", d. h. durch die Geisteswirkung erregt und in stand gesetzt ward, seine hoheitsvolle Gestalt zu sehen und seine liebe Stimme zu hören. Aber mit tastender Hand berührt haben sie ihn nicht, weder Maria Magdalena, die aus= drücklich das Wort vernimmt: rühre mich nicht an! noch auch Thomas, der vom Schauen des Auferstandenen und vom Hören seiner Stimme schon ganz überwältigt in die Worte ausbricht: mein Herr und mein Gott! Auch lautet die Ant= wort darauf: „dieweil du mich gesehen hast . . . . ."; von einem Tasten oder Berühren ist keine Rede. Freilich glauben Manche, auch hier bei Johannes eine greifbare Körperlichkeit des Auferstandenen aus dem Worte des Herrn folgern zu müssen: „Thomas, lege deine Finger in meine Nägelmale und lege deine Hand in meine Seite." Wenn solches nicht möglich gewesen wäre, sagt man, dann hätte Christus doch nicht dazu auffordern können. Aber man muß beachten, daß diese Worte im Grunde gar nicht eine wirklich zu erfüllende Aufforderung, sondern — wie die wörtliche Bezugnahme auf des Jüngers früheres Zweifelswort zeigt — ein ins Herz dringender Vorwurf waren; gerade so wie auch das Wort an die Samariterin: „rufe deinen Mann" (Joh. 4) im Grunde als ein Wort an das Gewissen der Frau und nicht als eine wirkliche Aufforderung gemeint war, wie das Folgende deut= lich zeigt. — Es braucht kaum gesagt zu werden, daß dieser unförperliche Charakter der Erscheinungen des Aufer=

standenen, der bei Johannes ganz klar und ausnahmslos zu erkennen ist, durchaus nicht etwa auf eine bloß subjektive Vision der Jünger deuten soll. Die wirkliche Gegenwart des Auferstandenen und Lebendigen bezeugt sich gerade in seiner Erscheinung und in seinem persönlichem Wort an die dafür empfänglichen Getreuen.*)

Kurz, bei gerechter und vorurteilsfreier Erwägung stellen sich gerade die Eigentümlichkeiten des 4. Evangeliums gegen= über den drei synoptischen als Anzeichen größerer Ursprüng= lichkeit und Genauigkeit dar; und gerade die inhaltlichen Abweichungen bezeugen des Verfassers selbständiges Wissen. — Warum will man sich gegen die herkömmlich kirchliche Annahme sträuben, daß es aus der persönlichen Erinnerung eines Jüngers, des alle überlebenden Jüngers Johannes und von seiner Hand herstamme?! — Vielleicht gerade deshalb sträubt man sich, weil es eben die herkömmlich kirchliche Annahme ist! Doch ist das kein wissenschaftlich berechtigter Grund.

Aber angenommen einmal, das vierte Evangelium wäre erst in nachapostolischer Zeit, etwa im Anfange des zweiten Jahrhunderts geschrieben! dann müssen wir doch fragen: Wer könnte diese Schrift geschrieben haben?!

Das merkt doch Jeder, der mit ruhiger Sammlung und stillem Nachdenken dies Evangelium liest, daß sein Verfasser nicht bloß von innigster Liebe und heiliger Verehrung für den Heiland erfüllt ist, sondern auch ein so tiefes Ver= ständnis für das göttliche Leben in ihm hat, wie wir es sonst kaum oder vielmehr gar nicht weiter finden. Dieser Autor war nicht allein ein treuer Christ voll brennender Liebe und lebendigem Glauben, sondern er war auch ein geistig hervorragender Mann. Verborgen und unbekannt konnte solch ein Christ in der alten Christengemeinde nicht

---

*) Unempfängliche Feinde haben ihn freilich nicht gesehen; zum Zweck des Triumphierens — was unserm menschlichen Sinne so nahe läge — ist der Auferstandene nie erschienen.

bleiben. Welcher war's denn nun wohl unter allen denen, die irgendwie bekannt und genannt sind? — Es ist thatsächlich unter allen, selbst den hervorragendsten Männern jener nach= apostolischen Zeit Niemand, der auch nur von ferne in seinem Verständnis für Christum und für Christi geschichtliches Werk und seine ewige Offenbarung heranreicht an den, der dies geschrieben hat und der es schreiben konnte, weil er Jesum Christum selbst persönlich gekannt hat und in seinem innersten Gemüt von ihm erfaßt war. Man lese alles, was von den Schriften aus jener Zeit vorhanden ist, von Hermas, von Barnabas, von Clemens Romanus, auch die διδαχή τῶν δώδεκα ἀποστόλων — alle diese Autoren stehen doch an religiösem und ethischem Verständnisse merklich zurück hinter dem 4. Evangelisten; sie stehen innerlich Christo merklich ferner. Es ist einfach eine geistige, eine psychologische Unmöglichkeit, daß einer von ihnen dies Evangelium geschrieben, ja noch mehr — und so müßte es doch dann sein, wenn es nicht aus der eigenen Lebenserinnerung ge= schrieben wäre — daß einer von ihnen dies Lebensbild Christi selbst erdacht hätte!

Wenn nun trotz all dieser, in ihrer Vereinigung eigentlich erdrückenden Gründe, positiver wie negativer Art, dennoch Mancher sich immer noch sträubt, die Autorschaft des Jüngers Johannes für das 4. Evangelium anzuerkennen, so dürfte sein Sträuben vielleicht begründet sein in der Scheu vor dem unanfechtbaren Zeugnis eines Augenzeugen von wirklich geschehenen Wundern. Wer sich in= dessen bewußt ist, daß wir die Grenzen der Mög= lichkeit nicht kennen und deshalb auch nicht befugt sind, irgend ein wohlbezeugtes Ereignis einfach für unmöglich zu erklären; wer bei den biblischen Wunderberichten festhält, daß dort immer, auch wo es nicht ausdrücklich gesagt wird, die Wirksamkeit des alles durchdringenden lebendigen Gottes, nicht die eines Menschen als causa efficiens zu verstehen ist: wer sich gewöhnt hat, in allem Naturgeschehen das göttliche Wirken zu er=

kennen; und endlich wer sein eigenes jeweiliges Verständnis
irgend eines ihm bedenklich oder anstößig erscheinenden Wunder=
berichtes noch für b e r i c h t i g u n g s f ä h i g erachtet: der hat
in Wahrheit keinen Grund, wegen der Wunder gegen den
Inhalt der Evangelien Widerspruch zu erheben, am wenigsten
aber gegen das vierte Evangelium.

—

8. Was ist von der Person und dem Wesen Jesu Christi zu halten?

Es ist gut, dessen eingedenk zu bleiben, daß immer eine menschliche Vermittelung vorliegt zwischen uns und dem in den Evangelien vor uns stehenden Christus: nämlich der Eindruck, welchen jene ersten empfänglichen Menschenseelen von ihm gehabt, und das Erinnerungsbild, welches sie festgehalten und wiedergegeben haben. Aber der Hinweis auf solche menschliche Vermittlung darf nicht den Irrtum erregen, als ob uns deshalb nur ein zweifelhaftes, oder wesentlich getrübtes oder gar unzutreffendes Bild von Jesu Christo gegeben wäre. Wohl soll uns das Bewußtsein einer hier (d. h. in der Schrift) nur vermittelten Erkenntnis Jesu Christi mit dem Streben nach einer unmittelbaren persönlichen Gemeinschaft mit ihm, nach einem eigenen Eindrucke seiner Persönlichkeit erfüllen: aber die wesentliche Wahrheit seines Lebensbildes in den Evangelien darf und muß uns feststehen. Und dazu ist es ratsam, immer wieder zu beachten, wie dieses ganze Charakter- und Lebensbild einfach unerfindbar ist und nimmermehr so hätte entworfen und dann in seiner fleckenlosen Reinheit ausgeführt werden können, wenn es nicht zuvor in der Wirklichkeit, in der Erfahrung dargeboten war.

Dieser Eindruck von der Unerfindbarkeit und Wahrheit des Lebensbildes Jesu Christi in den Evangelien gehört mit zu dem innern Zeugnisse, welches die empfängliche, wahrheitsuchende Menschenseele von dem Heilande empfängt.

Jesus von Nazareth — eine wunderbare Persönlichkeit in der Weltgeschichte! Nicht die großen und glückbegünstigten Welteroberer und Staatsmänner, nicht die großen und bahnbrechenden Entdecker und Erfinder, nicht die großen Gelehrten, Dichter und Künstler, die mächtigen, beherrschenden Geister sondern die sittlich frommen Menschen, die gott bezogenen Seelen, die reinen Herzen, die festen Charaktere sind die höchsten Repräsentanten des Menschengeschlechts. Das wird jedem geistig gerichteten Menschen klar sein und feststehen.

Und der Maßstab für die Größe ist nicht der sichtbare Erfolg, nicht die Gewalt und die Dauer weltgeschichtlicher Wirkungen. Den Grad der Vollkommenheit des Menschen bestimmt sein innerliches Wesen. Aber doch hat auch keiner von jenen Hohen und Großen in der Geschichte der Menschheit solche Wirkungen ausgeübt, wie dieser stille, verborgene Mann, der in diese lieblose und gottentfremdete Welt das Leben in Gott und das Leben in der Liebe hineingebracht hat! Sein Werk, seine Person, sein innerstes Wesen ganz zu verstehen und ihm Raum zu geben im eigenen Leben und Wesen, das ist unsere höchste und zugleich seligste Lebensaufgabe.

Noch heute, wie vor achtzehnhundert Jahren, giebt es einzelne Menschen, die auf diesen Mann mit feindseligem Hasse sehen und eben darum kein Verständnis für ihn gewinnen können. Wer in seinem Eigendünkel und Hochmut diesen alle Sünde so scharf und klar beleuchtenden und zugleich Rettung bietenden Mann verflucht, sei es mit dem Worte: „Kreuzige ihn!" oder mit dem „écrasez l'infame!" oder auch in schweigender Verachtung sich ärgert über jede Ihm gezollte Pietät: der wird sich freilich auch durch keine Apologetik zum rechten Verständnis führen lassen, weder über Jesu Person noch über die in ihm gegebene Gottesoffenbarung.

Aber alle andern darf und soll man herzlich und hoffnungsfreudig aufrufen zur Betrachtung des uns vor Augen gestellten, ebenso wunderbar göttlichen wie menschlichen Bildes.

Wichtig ist es, daß man dabei pädagogisch verfahre, nach der Weise, wie der Herr selber es that. Er hat nicht zuerst seine göttliche Natur und seinen göttlichen ewigen Beruf, das Ziel aller Erkenntnis vorangestellt, sondern sein menschliches Wesen. Bis gegen Ende seines Lebens hat er es geradezu vermieden, sich auch nur als „Messias" zu bekennen. Er wollte vielmehr den Hilfs= und Heilsbedürftigen zuerst menschlich nahekommen, ihnen Vertrauen erwecken und ihre Liebe gewinnen, ohne daß vorgefaßte irdische Erwartungen und schriftgelehrte (wir würden sagen: „dogmatische") Begriffe vom Messias hindernd oder verwirrend die Seelen befangen hielten. Erst wenn sie ihn selber menschlich kennen gelernt, ihm vertrauten, ihn liebten, von seinem inneren gottbezogenen Leben mit berührt waren, in seiner Nähe Gottes Nähe fühlten, dann geschah es von selbst, daß sie erkannten: so muß unser Messias sein! Dieser ist der rechte, gottgegebene Helfer und Heilsvermittler, der längst gehoffte Davids=Sohn, von dem Jehovah spricht: „Du bist mein Sohn!"

Als ihm dies Verständnis und Bekenntnis von seinen Jüngern durch Petri Mund entgegengebracht wurde, so ohne menschliche Belehrung allein durch die innere Geisteswirkung in ihnen zustande gekommen, da begrüßt er's mit inniger Heilandsfreude und spricht: „Fleisch und Blut hat dir das nicht geoffenbaret, sondern mein Vater im Himmel."

So sollen denn auch wir Christen es machen, wo es sich handelt um die eigene Gewinnung und um die Mitteilung des Verständnisses für Jesu Person und Wesen. Zunächst ist abzusehen von aller theologischen Lehre, von allen kirch= lichen Dogmen über sein göttliches Wesen, bis seine mensch= liche Person und menschliches Wesen recht zum Eigentum der Seele geworden ist, bis wirklich innige Liebe und Ver= ehrung, ungemessenes Vertrauen und rückhaltslose Hingabe an ihn in der Seele lebt.

Und wer ihn dann nicht bloß mit oberflächlichem Worte „mein guter Meister" nennt, wer ihn dann im Vollsinne des Wortes „gut" nennen muß, der steht auf dem Punkte, daß ihm auch ein tieferes Verständnis für diesen einzig Guten inmitten des sündigen Geschlechtes aufgehen kann und soll: dem ist dann die „Sündlosigkeit" Jesu nicht bloß ein dog= matischer Begriff, nicht bloß ein theoretischer und zwar nega= tiver Begriff, wie dem Denker mit kaltem Herzen; dem ist Jesu Sündlosigkeit ein gar wunderbarer, in der ganzen Welt sonst sich nicht findender göttlicher Gehalt und Reichtum des Herzens: eine Gottesgemeinschaft ohne Mangel und Lücke, eine göttliche Liebeskraft, die keiner sinnlichen und keiner geistigen Selbstsucht Raum verstattet, eine nie er müdende Barmherzigkeit, eine nie verbitterte Sanftmut, eine nie rastende Rettungsarbeit an den Verlorenen!

Den Vollgehalt eines sündlosen Lebens in der Gottes= und Menschengemeinschaft auch nur zu verstehen, das ist für uns sündige Menschen schon ein volles Lebensstudium: was ist erst seine Realität im Leben Jesu Christi!

Manche, die das wohl von ferne ahnen und ermessen, wie hoch und einzig Jesus Christus dadurch über die ganze sündige Menschheit erhaben ist, und die ihm doch — sei es aus psychologischem Rationalismus, sei es darum, weil nun einmal die Welt das Strahlende zu schwärzen und das Er habene in den Staub zu ziehen liebt — solchen Vorrang nicht zuerkennen wollen, bestreiten deshalb seine Sündlosigkeit und sagen: wenn wir auch an dem uns gezeichneten Lebens= bilde Christi keine äußerlich bemerkbare Sünde sehen, ja selbst wenn auch die Augen der Zeitgenossen nichts Böses an ihm finden konnten, so daß die Ankläger nur durch Verdrehung seiner Worte einen Schein von Schuld auf ihn bringen konnten, so ist doch damit eine wirkliche Sündlosigkeit, die innerliche völlige Reinheit noch nicht erwiesen.

An diesem Argumente ist anerkennenswert die ernste, sittlich strenge Beurteilung des verborgenen Lebens, der Hin= weis darauf, daß auch bei untadelhaftem, vor Menschenaugen völlig reinem Lebenswandel doch sündige Gedanken und sündige Regungen des Gemütes statthaben können.

Doch kommt uns ja nicht bloß der von Menschen ge=

sehene und von Menschen bezeugte fleckenlose Lebenswandel Christi in Betracht, sondern zugleich auch die Thatsache, daß er selbst einer völligen Sündlosigkeit und vollkommenen Gottesgemeinschaft sich bewußt war. Alle ruft er zur Buße und zur Versöhnung mit Gott — und in seinem Leben ist keine Spur von einem Bedürfnis danach; uns allen legt er die tägliche Bitte um Vergebung auf die Lippen — und in seinem eigenen Gebetsleben ist nirgends die Vergebungsbitte, nirgends ein Verlangen nach Wiederherstellung oder Erneuerung der Gottesgemeinschaft. „Ich und der Vater sind Eins“ und „daß sie alle Eins seien, gleichwie du, Vater, in mir und ich in dir“ — das ist der klare Ausdruck seines eigenen klaren Bewußtseins.*) Hochwichtig ist hierfür auch das ausdrückliche Selbstzeugnis Christi, welches er seinen Jüngern und seiner Christenheit in der von ihm selbst kundgegebenen Versuchungsgeschichte ausgesprochen hat.**)

Nun ist's aber eine Erfahrungsthatsache, die auf ethischer und psychologischer Notwendigkeit beruht: je besser ein Mensch ist, desto ernster ist auch seine Selbsterziehung und Selbsterkenntnis, je reiner sein Leben wird, desto schärfer

---

*) Daß Christi Wort: „Niemand ist gut denn der einige Gott“ keineswegs im Widerspruch dazu steht, keineswegs auf ein gewisses Sündenbewußtsein hindeutet (wie Einige ihrer mißgünstigen Theorie zu Liebe behauptet haben), ist ja klar zu erkennen. Es ist ein für das Geistliche wohl empfänglicher und nach Gottesgemeinschaft und Heiligung sich sehnender, doch noch in den Banden des Mammons gehaltener Jüngling, der zu Jesu spricht: „Guter Meister, was muß ich thun“ u. s. w. Mit seiner Antwort: „Warum nennst du mich ‚gut‘; Niemand ist gut denn der einige Gott“ will ihn nun der Herr gern weiterführen in seiner Erkenntnis. „Meinst du das ernstlich und im vollen Sinne, daß du mich ‚gut‘ nennst, und bedenkst, daß nur Gott wirklich ‚gut‘ ist, so wirst du freilich auch erkennen müssen, daß ich aus Gott bin.“

**) Der Bericht der Synoptiker und ihre Grundlage, die apostolische Mitteilung, kann ja gar nicht auf Autopsie oder Miterlebnis der Jünger beruhen, weil Jesus zu jener Zeit noch gar keine Jünger hatte. Wenn dann aber die Versuchungsgeschichte auf Jesu eigener Mitteilung beruht, dann haben wir darin auch ein unbestreitbares Selbstzeugnis von ihm.

wird auch sein sittliches Urteil, desto zarter auch sein
Gewissen; je gottbezogener eine Menschenseele ist,
desto schmerzlicher empfindet sie jede Unter-
brechung oder Trübung ihrer Gottesgemeinschaft.
— Denken wir an jenen bekannt gewordenen Fall, wo ein
Missionar in Ostindien von der allgemeinen Sündhaftigkeit
des ganzen Menschengeschlechtes gesprochen hat und ein zu-
hörender Sklave oder Diener einer reichen, milden und frommen
Engländerin ihm widerspricht: „Nein! meine Herrin hat keine
Sünde!" Der Missionar gab die beste und richtigste Antwort: „Frage sie selbst!" Das that jener, und nun hörte er
denn von der ernsten Christin selber, daß sie wohl danach
strebe, rein von aller Sünde zu werden, daß sie es aber noch
keineswegs sei. — Diese Antwort durfte der Missionar mit
Sicherheit erwarten, eben darum, weil jene eine ernstlich nach
der Heiligung trachtende, auf Gott gerichtete Seele war. Eine
solche fühlt und erkennt mit tief innerlichem Schmerz auch die
„kleinen" von gewöhnlichen Menschen gar nicht beachteten
Fehler oder Schwachheiten und die dem Weltkinde überhaupt
nicht zum Bewußtsein kommenden Verdunkelungen und Unter-
brechungen der Gottesgemeinschaft.

So stehen wir denn vor einem Entweder — Oder,
welches nicht unentschieden bleiben kann. Jesus Christus,
der nichts von Sünde und nicht einen Schatten von Gottes-
entfremdung in seinem inneren Leben merkt, entweder ist er
ein mehr als pharisäisch hochmütiger, in Selbsttäuschung und
Stumpfsinn befangener sündiger Mensch — oder es ist Wahrheit, wessen er sich bewußt ist, d. h. er ist wirklich sündlos!
Nun, ich meine, wer diesen reinsten und gottinnigsten aller
Menschen ernstlich und ohne Haß und Vorurteil ansieht und
würdigt, der sieht auch klar, daß die erstgenannte Annahme
rein unmöglich ist; und wem es dann ernstlich um die Wahrheit zu thun ist, der ziehe auch die Konsequenz, daß er die
Sündlosigkeit Jesu erkenne und rückhaltslos anerkenne!

Das ist aber, wie schon gezeigt, nicht bloß eine negative
Bestimmtheit des menschlichen Geistes, sondern bedeutet un-

ermeßlichen Reichtum und Fülle, nämlich eine Fülle des gött=
lichen Wesens, welches erbarmungsvolle, heilige Liebe ist.

So wird das Verständnis für die Sündlosigkeit Jesu
der Aufstieg zu der Glaubenserkenntnis der „Gottheit
Christi" oder der „Offenbarung Gottes in Christo".

Mit dem Worte „Gottheit Christi" ist wiederum ein
Punkt der christlichen Glaubensüberzeugung bezeichnet, an dem
unzählige nachdenkende Menschen, welche gern wahre Christen
sein möchten, Anstoß nehmen.

Daß ein Mensch „Gott" genannt werden, „Gott" sein
soll, scheint doch gar zu widersinnig! Man könnte solcher
Aussage vielleicht beistimmen, wenn sie nur eine ehrende und
verehrungsvolle Auszeichnung sein sollte, die nicht im eigent=
lichen Sinne gemeint wäre. Aber bekanntlich wird in der
christlichen Kirche seit alter Zeit und nicht zum wenigsten
auch in unsern Tagen von gläubigen Christen gerade auf die
eigentliche und volle Bedeutung des Wortes „Gottheit
Christi" Gewicht gelegt; und jedesmal, wenn von irgend einer
Seite her der Versuch gemacht wird, diesen Begriff etwas der
menschlichen Sphäre anzunähern, dann pflegt man gerade am
entschiedensten gegen jede „Abschwächung" zu protestieren und
den Vollsinn des Wortes „Gottheit" als unentbehrlich für
den Christenglauben zu betonen. — Die darin sich bekundende
Pietät und Gewissenhaftigkeit ist durchaus löblich; und jede
wahre Pietät muß zu ihrem vollen Rechte kommen, auch in
der Christologie. Bisweilen freilich ist es leider im Grunde
nur Fanatismus oder Eigensinn einer nur sogenannten „Recht=
gläubigkeit": nämlich dann, wenn die Vertreter derselben sich
des vollen Inhalts der in Betracht kommenden Begriffe und
darum auch der Tragweite ihrer Behauptungen nicht ganz
klar und scharf bewußt sind, es auch gar nicht wirklich durch=
zudenken und auszudenken versuchen, was es heißt:
„Gottheit" und dann „Gottheit eines Menschen!" —
sondern wenn sie für ihre eigene Theologie an dem Worte,
gleichsam an der Stempelmarke des damit obsignierten geistigen
Gehalts, sich genügen lassen, wenn sie nur (und um jeden

Preis) die kirchlich hergebrachte Formulierung der Lehre fest=
halten, es aber unterlassen, aus der hl. Schrift, d. h. aus
den geschichtlichen Urkunden über Jesum Christum selbst Belehrung und so denn auch das richtige Verständnis der
kirchlichen Lehrsätze zu gewinnen. Dies letztere aber zu thun
ist doch Recht und Pflicht der evangelischen Christen: und
thun wir es ernstlich und ehrlich, d. h. nicht mit dem so
natürlichen (bewußten oder unbewußten) Bestreben, unsere bis
herige Meinung oder Überzeugung nur wieder bestätigt zu
finden, sondern mit dem brennenden Verlangen nach einer
Vertiefung und wirklichen Klärung unseres Verständnisses von
Jesu Christo — dann werden wir auch hier die Erfahrung
machen, daß die Wahrheit nicht in der Mitte zwischen
zwei entgegengesetzten wahrheitsuchenden Anschauungen zu liegen
pflegt, sondern in der Tiefe.

In der hl. Schrift, das wollen und dürfen wir nicht
verkennen, ist es ganz klar zur Anschauung gebracht, daß
Jesus Christus „wahrhaftiger Mensch" war, daß er
zu Gott, seinem Vater, als dem Herrn Himmels und der Erde
betet, daß er alles, alle Kraft Leibes und der Seele, alle
Werke, alle Erfolge von ihm, bittend und dankend, empfängt.
Also nach seiner ganzen geschichtlichen Persönlichkeit ist er von
Gott unterschieden, nicht selber „Gott". So hat denn auch
die alte Kirche sich darin ganz schriftgemäß gehalten, daß sie
den „Patripassianismus" d. h. die Meinung, daß Gott der
Vater selbst auf Erden geboren sei, alle Phasen des
menschlichen Lebens bis zum letzten Leiden und Sterben durch
gemacht habe, verworfen hat. Nun aber macht man doch
gerade der alten Kirche den Vorwurf, daß ihre Christologie
mit inneren Widersprüchen behaftet sei.

Vor allem wird das Chalcedonense als abschreckendes
Beispiel theologischer Spitzfindigkeit und unhaltbarer, weil
widerspruchsvoller Begriffsbestimmung angefochten und an den
Pranger geheftet. Das geschieht aber eigentlich infolge eines
Mißverständnisses, an welchem allerdings auch gelehrte Theo
logen teilhaben. Man verkennt nämlich die eigentliche

9*

Absicht und darum den ganzen Sinn dieses Bekenntnisses. Leo I. und so auch das wesentlich von seinem Briefe abhängige Chalcedonense ist gerade weit davon entfernt, eine positive Lehre über das Verhältnis der göttlichen und der menschlichen Natur in Christo geben zu wollen. Wer solche Tendenz im Chalcedonense sucht, der thut ihm Unrecht und verschließt sich selbst das Verständnis. Es werden dort vielmehr nur die Richtlinien gezogen, innerhalb derer die christliche Glaubenslehre über diesen Gegenstand sich halten müsse, um nicht in unchristlichen Irrtum zu verfallen; und diese Richtlinien werden gar nicht einmal durch positive Begriffsbestimmungen, sondern nur negativ, nur Irrtum abwehrend markiert.

Man sehe den Wortlaut selber an: ἕνα καὶ τὸν αὐτὸν Χρ. ἐκ (od. ἐν) δύο φύσ.

ἀσυγχύτως ἀτρέπτως

ἀδιαιρέτως ἀχωρίστως γνωριζόμενον ...

Das erste Paar der parallelen Adverbia soll den (bei Eutyches vorliegenden) Irrtum und Abweg ablehnen, daß man bei Vereinigung der göttlichen und der menschlichen Natur in Christo die Begriffe „göttlich" und „menschlich" trübte und konfundierte. Das zweite Paar soll den (bei Nestorius vorliegenden) Irrtum und Abweg ablehnen, daß man bei Unterscheidung eines göttlichen und eines menschlichen Wesens in Christo eine Zerklüftung oder Zertrennung der geschichtlichen Person beging.

Die Markierung dieser Richtlinien für das christliche Denken und Forschen ist doch völlig berechtigt, und es zeugt von hoher Weisheit und Besonnenheit, daß dabei eine positive Aussage über das Verhältnis und die Beziehung zwischen dem Göttlichen und Menschlichen in Christo eben nicht gegeben wird; es zeugt auch von dem Bewußtsein der damals in der That vorhandenen Unfähigkeit zur Lösung dieses höchsten Problems religiöser Erkenntnis. Denn in der That befand sich die christliche Kirche damals auf einem unrichtigen Pfade der Forschung, der eben nicht zum Ziele führen konnte,

nämlich auf dem Gewohnheitspfade logischer und spekula=
tiver Gedankenarbeit, worüber die Betrachtung des ge=
schichtlich Gegebenen vernachlässigt wurde.

In den geschichtlichen Nachrichten und in den Mit=
teilungen über den Eindruck von Jesu Christi Person, sowie
in den ganz schlichten religiösen Anschauungen
und Erkenntnissen der hl. Schrift ist uns nun — Gott sei
Dank — vollauf genügendes Material und genügende Hilfe
dargeboten, um ein den Menschengeist voll befriedigendes Ver=
ständnis auch davon zu gewinnen, was damals gesucht wurde,
d. h. von dem Verhältnisse des unverkennbar in Christo sich
darstellenden göttlichen Wesens und seines ebenso unverkenn=
baren menschlichen Wesens.

„Gott ist geoffenbaret im Fleisch" (1. Tim. 3,16).
Das ist die große einfache Wahrheit, welche in dem ganzen
Lebensbilde Jesu Christi zu erkennen ist. Und diese ebenso
schlichte wie tiefe Wahrheit erschließt sich auch Jedem,
der Christum liebgewonnen hat, je nach dem Maße seines
Geistes und der Stufe seiner Entwicklung.

Wer aber zu einer begrifflichen Klarheit darüber
kommen will, der kann sie nur erreichen, wenn er beachtet und
festhält: im Begriffe der „Offenbarung" liegen (abgesehen
von dem, welchem sie zu teil wird) immer zwei Momente,
dasjenige, welches sich offenbart, und dasjenige, wo=
durch oder worin es sich offenbart.

Diese beiden notwendig zusammengehörenden Größen
stehen nun aber nicht (wie zwei Bestandteile eines irdischen
Wesens) neben einander, sind nicht koordiniert, sind
nicht etwa gleichgeordnete Faktoren, überhaupt
nicht Wesen in gleicher Daseinssphäre. Sie sind
nicht wie zwei Elemente eines physischen Stoffes, oder wie
Glieder eines Organismus oder auch wie einander ergänzende
Kräfte einer lebenden Seele.

Vielmehr ist das sich offenbarende Wesen Ursprung und
Quell des andern! Wie der Menschengeist Quell und Ur=
sprung seiner eigenen Kundgebungen ist, also daß der Ge=

daher auch mit Recht ein „Kind" des Geistes genannt
wird, falls der Geist sich selber in ihm ausspricht, so steht
der sich offenbarende Gott zu dem Menschen Jesus
Christus. — Wenn der Christ nun in Jesu göttliches
Wesen (göttlichen Geist, göttliche Art und Weise) erkennt und
dann über das gegenseitige Verhältnis des Göttlichen und Mensch
lichen sinnt und forscht, so ist es von höchster Wichtigkeit, hier
bei die uns Menschen so naheliegende Kategorie des „Neben
einander" gänzlich zu vermeiden. Das Göttliche in Christo
ist nicht neben seiner Menschheit, sondern es kommt in
seiner Menschheit und in allem Menschlichen seines ganzen
Lebens und Wesens zur Erscheinung. Es ist nichts an und
in ihm, was nicht auf menschliche Weise Gott offenbarte. —
Gott in der Erscheinungsweise der Menschheit oder in der
Sphäre des menschlichen Seins: das ist im tiefsten Sinne
seines Wesens Jesus Christus!

In diese menschliche Daseinsphäre geht nun selbstverständlich nur das vom Wesen Gottes ein, was der menschlichen Natur, d. h. der Natur eines in Raum und Zeit und
in der Endlichkeit lebenden Wesens homogen ist. Sofern der
Menschengeist selbst göttlichen Wesens ist („nach dem Bilde
Gottes geschaffen"), kann er auch Medium der Gottesoffen
barung sein: weil er aber doch immer ein endliches Wesen
mit zeitlicher Entwicklung ist, kann das ewige unendliche Wesen
Gottes nicht als solches in ihm erscheinen. Alle die unendlichen Eigenschaften, wie Allgegenwart, Allmacht, All
wissenheit sind im Menschenleben Jesu Christi nicht dargestellt.*) Daher ist diese Offenbarung in dieser Hinsicht in
der That als eine κένωσις zu bezeichnen. (Phil. 2,7.) —

Mit Bezugnahme auf die obige Erörterung der drei
Kausalitätsdimensionen ist hier über die Beziehung
des sich offenbarenden göttlichen Wesens zu dem menschlichen
Wesen, worin es sich offenbart, festzustellen: der zwischen beiden

---

*) Vgl. Mr. 13,32; Joh. 5,19; 11,41.

bestehende Zusammenhang liegt n i c h t in der verknüpfenden (auch nicht in der z e i t l i c h e n) Kausalität, sondern in der D a s e i n = g e b e n d e n, b e g r ü n d e n d e n oder W e s e n s K a u s a l i t ä t!

Jede Veranschaulichung, auch die in bildlicher Rede, dient dem Verständnisse. Darum wollen wir ein bildliches Wort der hl. Schrift über die Offenbarung Gottes in Christo besonders auffassen und unter Zuhilfenahme einer uns auf der heutigen Kulturstufe zu Gebote stehenden Sache weiter ausführen. Ἀπαύγασμα τῆς δόξης αὐτοῦ wird (Hebr. 1,3) der υἱὸς θεοῦ genannt.

In der camera obscura eines Photographen fällt das B i l d irgend eines körperlichen Gegenstandes, z. B. einer lebendigen, menschlichen Person auf die mattgeschliffene G l a s p l a t t e. Das farbige Abbild, das unser Auge betrachten kann, zeigt ganz deutlich nicht bloß die Umrisse und alle Farben der körperlichen Gestalt, sondern auch jede Bewegung und Thätigkeit des lebendigen Urbildes, so daß ein betrachtender Mensch, der es sieht, zum andern wohl sagen kann: Siehe, da ist er! Siehe da, sein Angesicht, seine Augen, seine Miene, seine Hand! Siehe, wie er freundlich blickt, wie er redend die Lippen bewegt! Siehe, wie er sich erhebt und wie seine Hand uns winkt! Kurz, wir b e n e n n e n d a s B i l d mit dem N a m e n d e s s e n, d e n e s u n s z e i g t, den es abbildet, den es uns vor Augen stellt. Das Bild ist uns die lebendige Persönlichkeit selber — allerdings n i c h t in seiner u r b i l d l i c h k ö r p e r l i c h e n W i r k l i c h k e i t, sondern in der D a s e i n s f o r m d e r F l ä c h e. Wer den Zusammenhang kennt, weiß freilich ganz klar, daß das sichtbare Menschenbild in allen Stücken, in allen seinen lebensvollen Bewegungen a b h ä n g i g ist von dem wirklichen Wesen. Das Bild ist auch ein wirkliches, sichtbares Etwas, doch eben ein ἀπαύγασμα dessen, der ein volleres Dasein hat. In dem Bilde ist kein einziger Zug, der nicht vom Urbilde herrührte, kein einziger Zug, der nicht das Urbild aussprächte; insofern ist das Bild mit dem Urbilde identisch und darf auch mit dem Namen des Urbildes genannt werden. Und dennoch ist das Bild vom Urbilde zu unterscheiden.

So ist auch Jesus Christus in all seinem Thun und Leben, in seinem ganzen Wesen „Gott", wenngleich er selbst sich von Gott unterscheidet und sagen darf und muß: „Der Vater ist größer denn ich."

So ist denn der auf den ersten Blick so befremdende und dem menschlichen Verstande anstößige Ausdruck und Begriff „Gottheit Christi" in Wahrheit durchaus nicht widersinnig, auch durchaus nicht eine Verneinung oder Aufhebung der „wahrhaftigen Menschheit" Jesu Christi, sondern vielmehr ein wichtiger Wegweiser und zugleich ein Antrieb, das Wesen und die Bedeutung dieses einzigartigen Menschen klarer, richtiger und tiefer zu verstehen: nämlich als Offenbarung des ewigen lebendigen Gottes. Alles Mißverständnis und alles Ärgernis an diesem Worte „Gottheit Christi" kommt im Grunde daher, daß man den im Neuen Testamente so bestimmt ausgesprochenen Begriff der „Offenbarung" unbeachtet und unbenutzt liegen läßt.

Die rechte Beachtung und rechte Verwertung aber dieses Verständnis schaffenden biblischen Begriffes ist nun nicht etwa eine wesentlich nur theoretische — das sei hier noch einmal aufs nachdrücklichste hervorgehoben! Vielmehr hat sie eine Heilskraft für unser ethisches und innerliches Leben! Daß ich Jesum Christum als den „Sohn Gottes", als die GottesOffenbarung in der Menschheit erkenne, das bedeutet für mich: ich erkenne in Jesu Christo den in die Menschenwelt hineingreifenden, ja hineintretenden heiligen und barmherzigen Gott, der mich rettet — mich rettet aus all meiner Schuld und Sündenelend, aus meiner Ohnmacht und Hoffnungslosigkeit. Auf diese Bedeutung der Gottheit Christi will auch unser Dr. M. Luther die ganze Christenheit, jung und alt, hinweisen durch seine unvergleichlich liebliche und gewaltige Erklärung des 2. Artikels: Ich glaube, daß Jesus Christus wahrhaftiger Gott, vom Vater in Ewigkeit geboren, und auch wahrhaftiger Mensch, von der Jungfrau Maria geboren, sei mein Herr, der mich verlorenen und verdammten Menschen erlöset hat u. s. w.

Mit der Frage nach dem Wesen Jesu Christi hängt auch die Frage nach seinem Ursprunge zusammen, eine Frage, um die vor einigen Jahren ein lebhafter theologischer Streit geführt worden ist. Wie es oft zu gehen pflegt, hat man auch dabei die betr. Gegner vielfach nicht richtig verstanden, die relative Berechtigung ihres Standpunktes nicht erkannt und namentlich — leider — das Gemeinsame in der eigenen und der gegnerischen Glaubensüberzeugung durch scharfe Beleuchtung des vermeintlichen Irrtums dem Blick und Bewußtsein entzogen*).

Die Erkenntnis des Ursprungs Jesu Christi ist zwar nicht — wie Einige behaupten — für das christliche Glaubensleben gleichgültig. Allerdings ist die in seiner geschichtlichen Person uns gegebene Heilsoffenbarung Gottes die Hauptsache; und es kann ein Christ dieses Heils gewiß und froh werden, auch in dem Kraft- und Leben-gebenden Gnadenstande stehen, ohne von dem Ursprunge Jesu etwas zu wissen. Aber doch ist es nicht bloß naturgemäß, daß der Christ auch über den Ursprung unseres göttlich menschlichen Heilands Klarheit haben möchte, sondern Jesus hat auch selbst (wie wir namentlich aus dem Evangelium Johannis ersehen) nicht selten auf seinen Ursprung aus Gott hingewiesen — doch offenbar in der Überzeugung, daß solches für das richtige Verständnis seiner Person und somit für die Heilserkenntnis bedeutsam sei.

In welchem Sinne aber redet er von seinem Ursprunge aus Gott? — Niemals thut er es mit einem Hinweis auf seine übernatürliche Geburt! Auch Petrus, Paulus, Johannes, Jakobus erwähnen Jesu übernatürliche Geburt nirgends aus-

---

*) Vgl. meine ll. Abhandlung: Zur Wahrheit, zur Gerechtigkeit und zum Frieden. (Leipzig, Richter. 1892.)

drücklich. Gegenstand der apostolischen Verkündigung und
Bestandteil der mündlich fixierten Tradition ist sie nicht
gewesen. — (Das ergiebt sich auch aus der Inkongruenz der
Anfangskapitel der syn. Evangelien s. o. S. 113.)

Darum dürfen wir die Lehre von der übernatürlichen Geburt Jesu Christi auch nicht zu einem Funda-
mentalsatze des christlichen Glaubens, nicht zu einem
Schibolet für Christen und Nicht Christen machen.
Das hieße die Bedeutung dieser Erkenntnis in unevan-
gelischer Weise überschätzen!

Anderseits ist es durchaus übereilt und keineswegs wissenschaftlich, wenn man kurzweg sagt: „Geburt eines Menschen
von einer Jungfrau, d. i. vaterlose Geburt ist einfach unmöglich; also ist das Dogma falsch". — Unserer menschlichen
Erfahrung und unseren Begriffen vom Naturlauf widerspricht
allerdings eine vaterlose Geburt vollständig; doch müssen wir
uns auch hier bewußt bleiben, daß wir die Grenzen der Möglichkeit nicht kennen. Es giebt in der That epochemachende
Ereignisse im Laufe der Weltentwicklung, die unserer Erfahrung und unseren Begriffen von der Natur zuwiderlaufen,
Thatsachen, die wir nach dem Stande unserer wissenschaftlichen
Einsicht für unmöglich erklären müßten, wenn sie nicht eben
wirkliche unleugbare Thatsachen wären.

Nach unserer Erfahrung entsteht überhaupt kein Lebewesen, auch nicht der geringste, unsichtbar kleine Organismus
ohne Abstammung von einem Lebendigen. Da nun vor
Jahrtausenden unser Erdball (die Schrift nennt ihn im Anfang wüste und leer) nach unserer naturwissenschaftlichen Überzeugung eine feurig flüssige Kugel gewesen, auf der doch ganz
sicher keine lebendigen Wesen existieren konnten, so wäre auch
eine Entstehung lebendiger Wesen, wenn unsere Erkenntnis und Begriffe maßgebend wären, schlechterdings unmöglich gewesen — und doch hat eine Entstehung solcher
Wesen thatsächlich stattgefunden. Die Wirksamkeit des
lebendigen Gottes in der Welt ist eben doch noch ein
gut Teil umfangreicher und mannigfaltiger, als unsere aus

„dem gewöhnlichen Laufe der Dinge" gewonnene Erkenntnis begreift. Wie könnte nun angesichts dieser Thatsache der rein unerklärlichen Entstehung des Lebendigen auf Erden, wie könnte da ein wissenschaftlich besonnener Mann, zumal ein evangelischer Christ, kurzweg die Möglichkeit leugnen, daß — abermals zu Beginn einer weltgeschichtlichen Epoche — ein menschliches Wesen einmal durch einen modificierten Entstehungsprozeß ins Dasein getreten sei?!

Die Verteidiger des Dogmas „geboren von der Jungfrau Maria" wollen und können ja gewiß Niemanden zur Annahme desselben zwingen — aber das dürfen sie von ihren wissenschaftlichen und christlichen Gegnern erwarten, daß dies Dogma nicht als eine unvernünftige unmögliche Anschauung, nicht als ein Zeichen von Beschränktheit seiner Anhänger behandelt und bezeichnet werde. (a. a. O. S. 16.)

Es giebt keinen wirklich stichhaltigen Grund, weshalb ein nachdenkender Christ die genetische Erklärung der unbestreitbaren Sündlosigkeit Jesu Christi auf dem Wege, der uns im Evangelium Lukas und Matthäus angedeutet ist, d. h. durch Annahme seiner übernatürlichen, vom Zusammenhange der Erbsünde ihn ausnehmenden Geburt, ablehnen müßte.

9. Was ist von dem Dogma der Trinität zu halten?

Die Christologie ist zugleich der Mittelpunkt und Ausgangspunkt der Trinitätslehre. Wer die christliche Glaubensüberzeugung von der Person und dem Werke Jesu Christi richtig versteht, der — aber auch nur der — kann auch die christliche Glaubenslehre von der Dreieinigkeit Gottes verstehen.

Es ist gar nicht zu verwundern, daß auch diesem, die gesamte christliche Glaubenserkenntnis zusammenfassenden Dogma aufs schärfste widersprochen wird. Doch während der Widerspruch gegen die Gottheit Christi (oder persönlich ausgedrückt: gegen Jesum als den „Gottessohn" oder auch „Gott den Sohn") bei den wirklichen Gegnern des Christentums, die gar nicht nach dem richtigen Verständnis des Dogmas streben, meistens mit einem persönlichen H a ß und G r i m m verbunden ist, finden wir den Widerspruch solcher Menschen gegen das Trinitätsdogma meistens mit g l e i c h g ü l t i g e r V e r a c h t u n g verbunden. Die U n v e r n u n f t d e s C h r i s t e n t u m s scheint ihnen hier so deutlich und so grob zu Tage zu treten, daß es kaum einer Aufregung oder Entrüstung, noch weniger einer ernstlichen Widerlegung bedürfe.

Diesen Schein der Unvernunft, des Widersinns hat nun freilich — das ist nicht zu leugnen — die christliche Theologie alter und neuer Zeit zum Teil selbst mit verschuldet durch die mißverständliche Art, wie sie in dogmatischen und

apologetischen Schriften, in Unterricht und Predigt die Drei-
einigkeitslehre oft behandelt hat. Ja, manche treuen, innig
frommen Christen, z. T. sogar von umfassendem theologischen
Wissen, sind selbst in der Meinung befangen, dieses
Dogma sei in der That der menschlichen Vernunft
zuwiderlaufend, und halten es für eine Pflicht des demütig
gläubigen Christen, sein natürliches Denken unterzuordnen und
zum Schweigen zu bringen. Auch von hochgebildeten christlich
gesinnten Laien kann man solche Äußerungen hören, unter
Umständen sogar mit der philosophisch klingenden, irrtümlich
dem Kantianismus entlehnten Begründung, daß unser menschliches Denken nur auf dem Gebiete der Erscheinungswelt Berechtigung und Gültigkeit habe, im Bereiche der göttlichen
Dinge könne auch eine ganz andere Welt und Denk ordnung
sein: bei uns freilich sei Drei niemals gleich Eins, in göttlichen Dingen könne das aber doch vielleicht so sein. — Das
ist freilich ein logischer Unsinn, über den man die Achseln
zucken muß.

Das Geheimnisvolle der Trinität, ja des ganzen Christentums liegt gar nicht auf dem Gebiete der Logik, sondern in
jedem göttlichen Wirkungsakte der Erlösung, wie der Schöpfung.
Ein sacrificium intellectus, ein Totschlagen oder Unterdrücken
des uns zur Wahrheitserkenntnis gegebenen geistigen Ver-
mögens wäre in der That der verkehrteste und erfolgloseste
Versuch, um zur Erkenntnis der Wahrheit, auch der göttlichen
Wahrheit zu gelangen. — All diese Quälerei und Not, all
dieser beunruhigende falsche Schein eines logischen Wider-
spruches in der Trinitätslehre ist aber nur die Folge eines
großartigen und nicht ganz unschuldigen Mißverständnisses.
Die heil. Schrift giebt uns auch hier für die ganze christliche Glaubenswahrheit den Schlüssel des rechten klaren und
auch vollbefriedigenden Verständnisses, wie wir's schon in betreff
der Zentralwahrheit des Christentums (der Christologie) gesehen haben. „Offenbarung Gottes" — das ist die entscheidende, allen Schein des Widersinns beseitigende Haupt-
wahrheit!

Der einige Gott offenbart sich in dreifacher Weise! nämlich

1. in der Schöpfung, Erhaltung und Regierung der Welt: als Schöpfer, den wir um seiner „väterlichen, göttlichen Güte und Barmherzigkeit" willen auch „Vater" nennen;

2. in dem Menschen Jesus Christus, den wir, eben weil er als ἀπαύγασμα Gott in der Sphäre der Menschheit darstellt, „Gott den Sohn" oder „Gottes Sohn" nennen;

3. in seiner Wirksamkeit im Menschengeiste selbst, in welcher Wirksamkeit wir ihn „den heiligen Geist" nennen.

Wer überhaupt ein Verständnis für göttliche Offenbarung hat, dem kann diese thatsächlich gegebene dreifache Offenbarung des einigen Gottes wahrlich kein logisches Ärgernis sein. — Logischer Widersinn würde nur dann vorliegen, wenn behauptet würde: der einige persönliche Gott ist eine Dreiheit von persönlichen Wesen, von denen jedes Gott selber ist. Das lehrt aber weder die Schrift noch die Kirche.

Von dem jenseits aller Offenbarung liegenden Wesen Gottes sagt ja selbstverständlich die Schrift gar nichts aus; und darüber sollte auch ein Theologe nichts aussagen wollen. Wo irgend ein Mensch irgend etwas von dem Walten oder Wesen Gottes erfährt, verspürt, ahnt (und wenn's auch nur eine ganz stille, wortlose, innerliche Erleuchtung ist), da liegt doch eben immer schon „Offenbarung" vor. Also kann auch was irgend von der Kirche oder von der Schrift über Gott gelehrt wird, sich eben nur auf den geoffenbarten Gott beziehen.

Es sollte immer und immer wieder aufs bestimmteste und klarste in Predigt und Unterricht hervorgehoben werden, daß die Dreieinigkeit Gottes eine Dreiheit seiner Offenbarungen ist, nicht eine Dreiheit des göttlichen Wesens. Dabei muß, wo auch nur das in der kirchlichen Dogmatik übliche und durch die Augustana auch in den Unterricht der Laien eingedrungene Wort „Person" gebraucht wird, klar ausgesprochen werden, daß dies Wort hier nicht wie im

profanen Sprachgebrauch) einen mit einheitlichem Selbst=
bewußtsein, mit eigenem Willen, mit eigenem Gefühlsleben
begabten, in sich abgeschlossenen Geist bedeutet, sondern -
entsprechend seiner Herleitung, = persona = πρόσωπον. das
Auftreten eines Wesens, „die Rolle", die Jemand in
der Welt spielt, also in Bezug auf Gott: die Wirkungs= oder
Erscheinungsweise Gottes in der Welt und Weltgeschichte —
das ist eben: die „Offenbarung Gottes".*)

Das müssen wir selbstverständlich nicht bloß in lehr=
haftem Wort, sondern auch wirklich im Bewußtsein festhalten
und auch klar zum Bewußtsein der Gemeinde bringen, daß
wir einen einigen persönlichen lebendigen Gott haben.
Der Mensch Jesus, jetzt verklärt und erhöht, ist nicht ein
Gott neben ihm, sondern er ist und bleibt seine Offen=
barung. So auch der heilige Geist ist nicht ein
anderer Gott neben ihm, sondern er ist Gott selber
in seiner Heilswirkung, in seiner Rettungs= und Heiligungs=
arbeit an dem Menschengeiste.

—————————

*) Ob die von Melanchthon in der Augustana gegebene kurze
Definition von persona — quod per se subsistit — ganz zutreffend
und ausreichend ist, kommt hierbei nicht in Betracht. Denn für uns
evangelische Christen sind auch die Hauptbekenntnißschriften nur insofern
maßgebend, als sie mit der hl. Schrift übereinstimmen; in der Schrift
aber ist der Begriff „Person" in Bezug auf die Dreieinigkeit überhaupt
nicht gebraucht, geschweige denn erörtert worden. Melanchthon aber führt
denselben und diese Definition auch nur deßhalb an, damit er den mit Unrecht
gegen die Evangelischen erhobenen Vorwurf des Sabellianismus entkräfte.
In Sabellianismus aber verfällt derjenige noch längst nicht, der die
Dreieinigkeit nicht auf das jenseits aller Offenbarung liegende Wesen
Gottes bezieht, sondern gerade und allein auf die Offenbarung des
einigen Gottes. Das letztere wollte freilich Sabellius auch — und das
war das Berechtigte an seiner „monarchianischen" Lehre; aber er
faßte die drei personae oder Offenbarungsweisen irrtümlich und ober=
flächlich nur als vorübergehende, nicht bleibende und nur als zu=
fällige, nicht notwendige Arten göttlicher Wirksamkeit, wie auch aus
seinem Vergleich der Dreieinigkeit mit den Äußerungsweisen der Sonne
zu ersehen ist; giebt es doch neben dem θάλπος, dem φῶς und dem
σχῆμα noch mancherlei andere Eigenschaften oder Äußerungsweisen
der Sonne.

Diese innerliche und geistige Wirksamkeit Gottes in dem Menschen selber hat nun selbstverständlich von jeher ununterbrochen, so lange es Menschen giebt, stattgehabt: die erste Regung des Gewissens, des mahnenden wie des strafenden Gewissens, vor und nach der ersten Sünde und jede weitere Gewissensregung, jede Ahnung von Gottes Nähe, von Gottes Macht und Walten, von Gottes Güte wie von Gottes Zorn, jede Beachtung seiner besonderen Kundgebungen im Menschen= und Völkerleben ist uns von ihm selber gewirkt, ist ein Werk des heiligen Geistes. So redet die Schrift schon im alten Testamente: „Die Menschen wollen sich von meinem Geist nicht mehr strafen lassen" und „Gieb mir einen neuen gewissen Geist" — „Nimm deinen heiligen Geist nicht von mir" u. s. w. u. s. w. Also auch schon die Frommen des alten Bundes hatten ein Bewußtsein von dieser Geisteswirksamkeit Gottes. Als eine besondere Art der Offenbarung Gottes aber wurde sie erst von dem Zeitpunkte an erkannt, beachtet und hervorgehoben, wo sie im Anschluß und in Fortsetzung des Lebenswerkes Jesu Christi mit überwältigender, sichtbarer Wirkung in der Menschenwelt auftrat, als in der sündigen, liebeleeren und gottlosen Menschheit eine Gemeinschaft mit Gott versöhnter und in geheiligter Liebe lebender Menschen aufkam — eine Lebenserneuerung ebenso wunderbar wie thatsächlich in der Erfahrung des Einzelnen und der Gemeinde selbst! Von da an erst faßte das christliche Be= wußtsein, vom Herrn selbst dazu angeleitet, diese innerliche, rettende und neues Leben schaffende Offenbarung des einigen, ewigen Gottes als eine besondere Offen= barung auf und faßte sie mit den beiden anderen zu einer Dreiheit zusammen.

Daß von dieser heiligen Geisteswirkung in zwiefacher Weise geredet wurde, ist dabei ganz begreiflich. Bisweilen nämlich wird sie mit unpersönlichem Ausdruck als eine „Gabe" Gottes bezeichnet *), als etwas, das er giebt, schenkt, sendet,

*) Vgl. unter vielen andern Stellen: Apgsch. 2, 32 „Ihr werdet empfangen die Gabe des heil. Geistes".

ausgießt, das von ihm herkommt, ausgeht; kurz, als etwas von Gott Unterschiedenes, wobei aber doch verstanden und festgehalten ist, daß es im Grunde sein eigen Wesen, er selbst ist. Darum findet sich bisweilen auch geradezu eine Identifizierung des Geistes mit Gott und Hervorhebung oder wenigstens Andeutung seines persönlichen Wesens!*)

So ist denn die christliche Trinitätslehre weit davon entfernt, irgend einen logischen Widerspruch zu enthalten; viel mehr ist sie ein wichtiges Moment und Hilfsmittel, uns wirklich immer tiefer in eine klare Erkenntnis Gottes hinein zuführen. Das geschieht freilich nur dem, der an sich selbst die väterlich fürsorgende, rettende und neu belebende Erweisung Gottes erfahren hat und darum auch die trinitarische Offenbarung hinnimmt als ihm selber geschehene Heilsoffenbarung!

Wie beim zweiten Artikel, so hat Dr. M. Luther auch beim ersten und dritten nach der Erfahrung und Erkenntnis seines eigenen wahren Christenstandes sehr treffend einzig und allein uns die für unser Leben bedeutsame, praktische Erklärung im kleinen Katechismus dargeboten. Seine Erklärung ist nicht philosophischer oder dogmatischer Art, nicht dogmenhistorisch, ja nicht einmal biblisch theologisch; sie hat überhaupt nicht theoretischen Charakter, vielmehr allein den praktischen Zweck, uns zu sagen, was diese Gottesoffenbarung für unser Leben zu bedeuten habe. Als ein Gotteskind darf und will ich mir bewußt bleiben, daß ich mein ganzes Dasein und Leben, meine ganze leibliche und geistige Ausrüstung, alle innerlichen und äußeren Güter, auch die Erhaltung und den Gang meines Lebens allein von meinem Gott und Vater habe und zwar ohne alle mein Verdienst und Würdigkeit, das alles ich ihm zu danken habe! ... Als ein Gotteskind darf und will ich mir bewußt bleiben, daß auch alles Gute in mir,

---

*) Vgl. Eph. 4,30 Betrübet nicht den heiligen Geist Gottes; vgl. auch Phil. 2,13 Gott ist es, der beides in Euch wirket, das Wollen und das Vollbringen — mit Röm. 8,14 Welche der Geist Gottes treibt, die sind Gottes Kinder.

mein ganzes Glaubensleben selbst, meine Liebe zum Heilande und meine Gemeinschaft mit ihm, auch die Gewißheit der Vergebung und meines Gnadenstandes, aller Fortschritt und alles Festbleiben darin und in der Heiligung nicht mein eigen Werk, sondern Gottes Werk ist; und ich brauche mich nicht auf meine Kraft, die so schwach ist, nicht auf meinen guten Willen, der so mangelhaft und unbeständig ist, zu verlassen, sondern darf und will alles, auch den Fortgang und die Vollendung meines Glaubenslebens ihm allein befehlen! Ich bin desselben in guter Zuversicht: der das gute Werk in mir begonnen hat, der wird es auch vollenden.

Zu bedauern ist es, daß dieser auf Dank, Liebe, Glaubensfreudigkeit, auf Erbauung im Vollsinne des Wortes hinzielende Charakter des Apostolikums so vielfach verkannt und vergessen wird! Man sollte danach streben, daß die Gemeinde im Gottesdienste beim Hören dieses Bekenntnisses zu dem Bewußtsein kommt: es ist etwas Großes und Trostreiches, was wir in diesem unsern gemeinsamen Glauben an den dreieinigen Gott haben! Demselben Zwecke dienen ja auch die zu der ursprünglichen kürzeren Formel im 3. Artikel noch hinzugefügten Worte: 1. eine heil. allgm. chr. Kirche, die Gemeinde der Heiligen*), 2. Vergebung der Sünden, 3. Auferstehung des Fleisches, 4. ein ewiges Leben.

Sie bringen uns die Werke Gottes, des heil. Geistes, zum Bewußtsein. Das erste ist in geschichtlicher Vergangenheit eingetreten und kundgeworden. Das zweite, die Aneignung der Vergebung, geschieht immerdar in der Gegenwart. Das dritte liegt noch in der Zukunft. Das vierte umfaßt die Ewigkeit, also zugleich auch alle Zeit.

Damit gelangen wir zu dem letzten Hauptproblem aus dem Bereiche der christlichen Glaubensüberzeugung.

---

*) „Gemeinde der Heiligen" ist Apposition zum Begriff Kirche und zwar limitiert und modifiziert es zugleich den Umfang und Inhalt desselben.

——— ——— ———

10. Giebt es ein Leben nach dem Tode?

Die Schlußworte im Apostolikum: „Auferstehung des Fleisches und ein ewiges Leben" erregen nicht selten auch bei wahrhaft christlich gesinnten Gemeindegliedern einen entschiedenen innerlichen Widerspruch. Mancher, der dem Bekenntnis im Gottesdienste bis dahin noch im allgemeinen (!) zustimmend folgte — bei diesen Worten fühlt er sich von dem dort ausgesprochenen Christenglauben geschieden. Daß Menschen von materialistischer Überzeugung und (was noch schlimmer ist) von materialistischer Gesinnung und Lebensrichtung dieser Christenhoffnung verneinend gegenüberstehen, daran ist ja leider nichts zu ändern. Besonders aber ist es zu bedauern, daß der heutzutage in der geistigen Atmosphäre verbreitete, fast von Jedermann unbewußt mit eingeatmete Materialismus auch solche, die nicht seine Anhänger sind, partiell infiziert. Solche partielle Infektion, die das gesunde klare Denken verwirrt und trübt, ist auch hier zu bemerken. Aber doch nicht ganz allein kommt das Anzweifeln und Bestreiten des jenseitigen Lebens von der religionsfeindlichen, gottentfremdeten Philosophie herübergeströmt oder hergewehet auch in christlich denkende Geister; sondern dieser Zweifel und Widerspruch hat — wie wir's schon auf anderen Gebieten der Glaubenslehre fanden — seine Ursache auch in einem Mißverständnis über das Dogma selbst.

Die Worte „Auferstehung des Fleisches" scheinen auf den ersten Blick eine materielle Auferstehung, eine Wiederbelebung des irdischen Leibes zu behaupten. Das

10*

ist jedoch einfach ein Mißverständnis; und das muß gründlich beseitigt und ausdrücklich ausgeschlossen werden. Wenngleich Tausende von Christen und selbst von Theologen seit Jahrhunderten solche Auffassung gehabt haben und noch haben, wenngleich in lieblichen, tröstlichen Liedern (auch in dem der frommen brandenburgischen Kurfürstin zugeeigneten) solche Auffassung nicht bloß poetisch ausgesprochen, sondern ernstlich und eigentlich gemeint ist, so ist doch für evangelische Christen das Apostolikum nicht nach dem Herkommen, sondern **nach der heiligen Schrift** zu verstehen.

In der Schrift finden sich nun freilich auch viele Stellen, wo in menschlich anschaulicher bildlicher Weise so von der Auferstehung geredet wird, als fände sie leiblich, materiell statt. Doch haben wir — Gott sei es gedankt — auch ein ganz klares apostolisches Wort, welches jenen Irrtum deutlich ausschließt. 1. Kor. 15, 37 schreibt Paulus „**Was du säest**" (nämlich der irdische Leib, der ins Grab gelegt wird) „**ist ja nicht der Leib, der werden soll.**" — Hiernach ist auch das Apostolikum zu verstehen. Das Wort „Fleisch" bedeutet dort nicht den materiellen irdischen Leib; sondern es bedeutet einfach „**Mensch**" „**Menschheit**", gerade so wie auch **an vielen Stellen des Neuen Testamentes.** Vgl. Joh. 1, 14 „Das Wort ward Fleisch". Röm. 3, 20 „Kein Fleisch mag durch des Gesetzes Werk gerecht werden"; u. s. w. u. s. w.

Das Apostolikum behauptet also die Auferstehung der Menschheit und zwar **nicht als eine leibliche,** sondern als eine Wiederbelebung des Geistes. Dies zeigt auch deutlich der Umstand, daß dieser Glaubenssatz gerade im **dritten** Artikel steht, nämlich unter den Werken des heiligen Geistes, d. h. unter den Werken Gottes, die **an dem Menschengeiste** geschehen.

Das ist so klar und einfach, daß darüber unter evangelischen Christen gar kein Zweifel sein sollte!

Ist aber „Auferstehung des Fleisches" nicht materiell gemeint, sondern als Wiedererweckung des im Tode entschlafenen Menschengeistes, so ist dem entsprechend auch das „ewige Leben" nicht in materieller Leiblichkeit zu denken. — Der biblische und kirchlich herkömmliche Ausdruck, durch den die materielle Leiblichkeit fürs jenseitige (selige) Leben abgelehnt wird, ist: „verklärter Leib". Freilich verbinden wohl nicht wenige Christen mit diesem Ausdruck doch immer noch den Begriff einer Leiblichkeit, die von unserer irdischen Leiblichkeit wenigstens in Bezug auf die räumliche Gestalt nicht viel abweicht. Wer sich von dem „verklärten Leibe" eine der räumlichen Menschengestalt ähnliche Vorstellung machen will, dem ist das ja nicht zu verbieten — aber er sollte sich bewußt bleiben, daß sein Vorstellungsbild hinsichtlich seines doch unvermeidlichen Räumlichkeitscharakters immer unzutreffend sein muß. Da „noch nicht erschienen ist, was wir sein werden", können wir eben auch noch nichts vom Wesen oder Aussehen des verklärten Leibes wissen und müssen uns begnügen damit, daß es die adäquate Daseinsform oder Existenzweise des seligen Menschengeistes ist.

Wenn nun aber auch das Anstoßerregende und den Glauben hindernde Mißverständnis über die im Apostolikum ausgesprochene Auferstehung und das jenseitige Leben wegfällt, so macht doch immer noch der Protest des Materialismus gegen alles selbständige Geistesleben unsere Christenhoffnung Vielen, die wirklich Christen sein wollen, recht bedenklich und zweifelhaft. Daß der Geist den Körper überdauern könne, scheint ihnen einfach unmöglich.

Hiergegen wird nun von Apologeten geltend gemacht, daß es doch nicht wenige thatsächliche Beispiele dafür giebt, daß auch völlig vergangenes Geistesleben unter Umständen wieder hervortritt. Es kommt in Zuständen des Nervenfiebers vor, daß dem Kranken ganze Perioden seines früheren Lebens, wovon er schlechthin nichts mehr wußte, wieder auftauchen und mit den kleinsten Einzelheiten wieder lebendig ins Bewußtsein treten; auch umgekehrt: wenn irgend eine Verletzung des Gehirns oder irgend eine äußere Behinderung seiner Funktionen gewisse Teile der Erinnerung gänzlich ver

nichtet hatte, so kommt doch unter Umständen nach Beseitigung
jener schädigenden Einwirkungen oder Hemmnisse die volle
klare Erinnerung und das normale Geistesleben wieder zum
Vorschein.   Diese Thatsachen — so sagen manche Apologeten
— machen es doch wenigstens „wahrscheinlich", daß das
Geistesleben auch nach seinem Erlöschen im Tode doch wieder
aufwachen und (wie in jenen Fällen) in einheitlichem Zusammenhange des Bewußtseins fortgehen werde. — Dies
Argument ist indessen nicht stichhaltig.   Das müssen wir
ehrlich einräumen.   Denn es handelt sich bei dem Leben nach
dem Tode nicht (wie in jenen Fällen) um den Wiederbeginn
und Fortgang eines Geisteslebens nach Beseitigung von
Hindernissen in seinem Organe — sondern um Wiederbeginn
und Fortgang des Geisteslebens o h n e O r g a n.   Das ist
die Frage: kann der Geist leben, wenn ihm gar kein Gehirn-
organ mehr zu Gebote steht? und das verneint eben der
Materialist und auch mancher vom Materialismus beeinflußte Christ.

Die Entscheidung liegt wo anders.

Giebt es überhaupt ein Geisteswesen, das nicht erst in
einem Organismus und nicht erst unter Mitwirkung von
Gehirnfunktionen zustande kommt? — Das unabweisliche
Kausalgesetz nötigt uns anzuerkennen, daß der alles kausierende
Urgrund, weil er auch das menschliche Geistesleben bewirkt,
selbst geistiger Art sein muß.   Ist aber Gott, der Urgrund
aller Dinge, „G e i s t", dann giebt es auch Geistesleben, das
nicht erst im Organismus entsteht und zu seiner Wirklichkeit
keines Organismus bedarf.   Müssen wir aber dies schlichtweg
anerkennen, dann können wir auch die körperlose Existenz und
das körperlose Leben der im Weltprozeß, im organischen Leben
entstandenen und entfalteten Geister, sofern sie Anteil haben
an dem Wesen des geistigen Urgrundes, nicht in Abrede stellen.
W e r d e n l e b e n d i g e n G o t t kennt und anerkennt, der kann
auch das ewige Leben der Menschengeister nicht bestreiten.
S o l i e g t d i e E n t s c h e i d u n g d i e s e r F r a g e i n d e r
G o t t e s e r k e n n t n i s.

Darauf weist auch Jesu Christi Antwort hin, die er den Sadducäern giebt. Sie trifft den entscheidenden Punkt. „Habt Ihr nicht gelesen . . . von Gott, der da spricht: Ich bin der Gott Abrahams und der Gott Isaaks und der Gott Jakobs? Gott aber ist nicht ein Gott der Toten, sondern der Leben digen". (Matth. 22.) Hat der Mensch Gemeinschaft mit dem ewigen und lebendigen Gotte, dann hat er auch teil an Gottes ewigem, geistigem Leben. Wer den ewigen lebendigen Gott und seine Gemeinschaft mit dem Menschen kennt, dem ist damit auch des Menschen Anteil an dem ewigen Leben gewährleistet.*)

Sicherlich ist jenes Geistesleben von unserm jetzigen in mancher wichtigen Hinsicht verschieden. Jetzt empfängt unsere Geistesthätigkeit ihre Gegenstände und Veranlassungen in reichster Fülle aus der uns umgebenden Welt: denn alles Wahrnehmen und Denken ist auch von Regungen des Ge= mütes und des Willens begleitet. So hat das menschliche Geistesleben hier teil an dem Werden und Sich ändern dieser Welt, in der es entsteht und statthat. Dort wird es den Charakter des Gleichseins und der Ruhe haben, wird nicht mehr durch Umstände einer zeitlich sich entwickelnden Außenwelt erregt und beeinflußt sein.

Wahrnehmung des Sinnlichen hat nicht mehr statt. Auf= fassung und Verständnis aber für das in der Erscheinungs welt, zumal in der Menschheitsgeschichte liegende Geistige, Wesentliche, Ewige braucht dem Geiste im jenseitigen Leben nicht zu mangeln.**)

---

*) Wer freilich in seinem Gemüt und seiner Lebensrichtung von dem lebendigen Gott entfremdet und darum auch in seiner Erkenntnis verfinstert ist, so daß er ihn leugnet, der muß konsequenterweise auch das Leben nach dem Tode leugnen.

**) Wir gönnen es unsern Entschlafenen, daß sie nicht mehr an der Unruhe des zeitlichen wechselvollen Lebens teilhaben: und doch wäre uns bei manchen Erlebnissen ihr Anteilhaben so lieb! — Wissen können wir darüber nichts, ob und wieweit sie von den Vorgängen unseres zeitlichen Lebens noch mit berührt sind. Möglich, daß Christi Wort Luk. 15,7. 10) χαρὰ ἔσται ἐν τῷ οὐρανῷ (ἐνώπιον τῶν ἀγγέλων) ἐπὶ ἑνὶ

Doch nicht bloß in Bezug auf die Objekte und Impulse der Geistesthätigkeit ist die Entrückung aus der Sphäre der sinnlichen Welt bedeutsam, sondern auch in Bezug auf ihre Eigenart selber. Wir begreifen wohl, daß darin ein großer Unterschied liegen muß; aber wir können die noch nicht selbst erfahrene Qualität des Geisteslebens uns auch noch nicht positiv vorstellen und noch weniger beschreiben. Wir können uns höchstens die Richtung, in der der Unterschied zwischen unserer jetzigen und der jenseitigen Geistesthätigkeit wohl liegen muß, klar machen und allenfalls durch die Analogie ähnlicher Unterschiede, die uns aus der Erfahrung bekannt sind, ein ahnendes Verständnis erstreben.

Solch eine Andeutung-gebende Analogie dürfte etwa dies sein: Jeder Musikfreund weiß aus Erfahrung, daß uns das Anhören schöner Musik Wohlgefallen erregt. Aber nur Kundige wissen, daß die im gewöhnlichen Leben dazu erforder= liche, sinnlich wahrnehmbare Musik, ja sogar auch, daß der physiologische Apparat eines schallempfindlichen Ohres doch nicht absolut erforderlich dazu ist, damit ein musikalisch ge= bildeter Mensch den Genuß einer Musik habe. Manch einer von den Kunstbegabten und Kunstgebildeten hat und genießt, wenn er die Partitur liest, die darin ausgedrückte Harmonie in seinem Geiste, auch ohne daß die Töne an seine Ohren dringen. Ja selbst wenn ihm der hörende Nerv er= storben ist, so kann doch — nachdem er einmal in die wunder= bare Welt der Töne sich hineingelebt hat — sein Geist die Musik hören, mag sie ihm durch den Blick aufs Notenblatt oder durch eigene Erinnerung — nach Wahl oder Zufall — vorgeführt werden. — Immerhin ist es doch ein Unterschied für die Seele, ob ihr Empfinden und Genießen der Musik ohne physischen Anreiz geschieht, oder ob Schallwellen das Ohr treffen.

Das ist freilich nur ein Vergleich, nur eine Analogie,

ἁμαρτωλῷ μετανοοῦντι eine Andeutung enthält auf eine Anteilnahme der Seligen an den für die Ewigkeit wichtigen Dingen des irdischen Lebens.

wodurch uns ein gewisses ahnendes Verständnis erweckt werden
kann dafür, daß außer und nach dem diesseitigen, uns be=
kannten Geistesleben doch auch ein andersgeartetes statthaben
kann, das ohne die Sinneseindrücke und selbst ohne die Sinnes=
organe sich vollzieht. Dasselbe mag wohl dem göttlichen
Geistesleben näher kommen, ähnlicher sein als unser bis=
heriges.

Wenn nun in der hl. Schrift und im christlichen Sprach=
gebrauch nicht selten gesagt wird, daß die seligen Geister nach
dem Tode i n Gott seien, so muß bei der Erkenntniß eines
p e r s ö n l i c h e n Gottes und bei der Erkenntnis der G o t t
ä h n l i c h k e i t   d e s   m e n s c h l i c h e n   G e i s t e s eigentlich
schon von selbst der pantheistische Gedanke eines Aufgehens der
Einzelwesen in eine unterschiedslose Allgemeinheit für aus=
geschlossen gelten. Das S e i n   i n   G o t t, das Anteil=haben
an seinem Wesen und Leben vernichtet ja auch keineswegs die
individuelle Persönlichkeit. Wie in jedem gesunden klaren
Geiste die e i n z e l n e n   G e d a n k e n trotz ihrer Zugehörig
keit zu ihm und trotz ihres gegenseitigen Zusammenhanges
doch klar gesondert und von einander geschieden, auch von
dem sie hervorbringenden Geiste unterschieden sind und bleiben:
so ist und bleibt auch der kreatürliche Einzelgeist trotz seiner
Immanenz in dem schöpferischen Gottesgeiste dennoch ein be
sonderes Wesen und zwar mit eigenem Selbstbewußtsein. Auch
d i e Schriftstelle, die nach ihrem Wortlaute wohl pantheistisch
gedeutet werden könnte (1. Kor. 15,28 „a u f   d a ß   G o t t   s e i
a l l e s   i n   a l l e m“), muß natürlich nach der anderweit klar
hervortretenden Überzeugung des Apostels verstanden werden;
und die steht in völliger Übereinstimmung mit der uns von Christo
selbst gegebenen Hoffnung auf ein ewiges, seliges, p e r s ö n =
l i c h e s Leben in bewußter persönlicher Gemeinschaft mit Gott.
Vgl. Joh. 17,21: daß sie alle eines seien, gleichwie Du Vater
in mir und ich in Dir; d a ß   a u c h   s i e   i n   u n s   e i n e s
s e i e n.

Zum Schluß sei noch erwähnt, daß jenes Wort 1. Kor. 15,28

vielleicht auch eine Andeutung enthält, die uns in einer dunkeln und manche nachdenkenden Herzen schwer bedrückenden Sache Klarheit und Beruhigung geben kann.

Bekanntlich haben schon Viele ernstlich Anstoß genommen an dem sogenannten Dogma von den e w i g e n H ö l l e n = s t r a f e n. Zwar ist das Bedenken, daß es doch der Barm=herzigkeit, ja sogar der Gerechtigkeit Gottes widerspreche, als Vergeltung für eine z e i t l i c h e Verstockung e w i g e Qualen zu verhängen, nicht zutreffend, weil ja nicht bloß die in der irdischen Lebenszeit gewesene Verstockung, sondern a u c h die in der Ewigkeit weiter festgehaltene Feindschaft gegen Gott hier in Betracht käme, und weil es sich nicht bloß um eine „Vergeltung", sondern um eine notwendige Konsequenz jener selbsterwählten Gottesfeindschaft handeln würde. Aber d i e Erwägung ist bedeutsam, daß es doch geradezu die Seligkeit der Seligen — auch Gottes selbst — hindern müßte, wenn sie wüßten, daß Andere in ewiger Qual leben!

Da giebt uns nun 1. Kor. 15,28 „auf daß Gott sei alles in allem" vielleicht einen Hinweis darauf, daß e n d l i c h einmal alle gottfeindlichen und darum unseligen Geister ver=nichtet sein werden, gar nicht mehr existieren werden.

Allerdings giebt es viele Worte des Herrn und der Apostel, die in bildlicher Rede die E n d l o s i g k e i t der jen=seitigen Qual aussprechen. Doch ist es n i c h t durchaus nötig, dieselben auf ein e w i g d a u e r n d e s H i n s t e r b e n zu be=ziehen. Es kann in ihnen auch ei n v o l l e s , z u r V e r = n i c h t u n g f ü h r e n d e s S t e r b e n i n d e r E w i g k e i t angedeutet sein. Das F e u e r , welches nicht erlischt, der W u r m , der nicht stirbt, der K e r k e r , aus dem der Schuldige nicht herauskommt — alle diese bildlichen Worte bezeugen, daß der Verdammte im Jenseits von seiner Qual nie frei werden wird. Ob er sie aber bis in alle Ewigkeit haben werde, oder ob er endlich einmal v ö l l i g v o n i h r v e r = z e h r t , g a n z s t e r b e n u n d z u s e i n a u f h ö r e n w i r d — darüber sagen uns jene Worte Christi nichts.

Unser menschliches Gemüt möchte es wohl gern so denken,

daß doch irgendwann einmal in der Ewigkeit die Qual der Verstockten und darum Unrettbaren wenigstens durch ihre Vernichtung enden werde: auch dem denkenden Verstande würde es sehr einleuchtend sein, daß der kreatürliche Menschengeist nach Abschluß seiner irdischen Werde- und Bildungsperiode, wenn er im Jenseits sich in seinem innersten Wesen völlig von Gott, dem Urquell aller Lebens- und Existenzkraft, abwendet, auch der Vernichtung anheimfällt!

Doch vom sittlichen Standpunkte aus kann solche Annahme vielleicht bedenklich erscheinen. Wird nicht der sittliche Ernst sehr viel geringer werden, wenn wir nicht mehr die endlose Dauer der Höllenqual aus der heiligen Schrift entnehmen? — Nun, wo wirklich ein sittlicher Schade notwendig mit einer Lebens- oder Weltanschauung verbunden ist, da ist dieselbe ganz gewiß falsch. Das dürften wir schon im voraus sagen. Indessen trifft hier solches nicht zu.

Zunächst muß leider die Thatsache anerkannt werden, daß auch die klar und scharf ausgesprochene Lehre von der ewigen Dauer der Höllenstrafen es doch nicht vermag, den Leichtsinnigen ernst und sittlich zu machen! Unzählige, auch solche, die die ewigen Strafen gar nicht leugnen, gehen doch mit ihren Gedanken durchaus nicht darauf ein, was denn das eigentlich besagt: in ewiger Qual leben! Wer aber mit ernstem Nachdenken dies erwägt, der muß auch aus der anderen Deutung jener Schriftworte vom ewigen Tode die allerstärkste sittliche Mahnung für sich selbst entnehmen!

Ist es denn nicht eine anerkannte Wahrheit, daß geistiger Schmerz, sei es eine Ehrenkränkung, sei es ein ohnmächtiger Haß gegen einen stärkeren Feind, sei es sonst irgend ein Herzeleid, oft wirklich weher thut als körperlicher Schmerz? und aller Jammer der Seele wird dadurch erst recht peinvoll, wenn er mit dem Bewußtsein verbunden ist: ich bin selbst daran schuld! und aller Schmerz über irgend eine Unglückslage wird dann erst recht grimmig, wenn er verbunden ist mit Haß gegen einen Andern. Und so muß ja der

Seelenzustand der in Sünde und Gottesfeind=
schaft hinsterbenden Menschen im Jenseits sein!
und bei aller inneren Qual, Wut, Ärger, Haß — niemals
mehr (wie im Erdenleben) eine Ablenkung der Gedanken durch
andere Dinge, niemals mehr eine auch nur vorübergehende
Betäubung durch irdischen Genuß, wie zuvor im Erdenleben;
überdies: die ganz ans Irdische hingegebene, am Irdischen
hangende, nach irdischem Genuß, Freude, Ehre lechzende Seele
hat nun nichts mehr von alle dem, darbt, hungert, muß
sich zu Tode hungern! denn für die ewige, göttliche Nahrung,
für die Gottesgemeinschaft hat sie keine Empfänglichkeit mehr!
so muß sie in selbstgeschaffener, selbstverschuldeter Qual hinsterben,
bis der letzte Rest ihres entarteten göttlichen Wesens verzehrt ist.

Was ist das für ein Hinsterben! Was ist das
für ein jammervolles furchtbares Endergebnis eines
Menschenlebens! Wahrlich, einem Menschen, der so in der
Verdammnis umkommt, auch wirklich endet, dem „wäre
besser, er wäre nie geboren!"

Wen dies alles gleichgültig läßt, wer auf solche Ge=
danken sich überhaupt nicht einläßt, an dem würde auch die
Lehre von ewig dauernden Höllenqualen vergeblich sein.
Wer sich aber durch den Ausblick auf die ewigen
Konsequenzen seines Lebens sittlich beeinflussen
läßt, den muß auch solch ein Ende der Gottesfeinde in der
Ewigkeit erschüttern und zu ernster Entschließung und Lebens=
führung bringen. Also würden sittliche Bedenken der oben
angegebenen Auffassung von 1. Kor. 15,28 nicht im Wege
stehen. — Indessen wie auf so vielen Gebieten der sichtbaren
und der unsichtbaren Welt, so am meisten über die Ewigkeits=
fragen gilt das Wort: unser Wissen ist Stückwerk.
Wohl dem, der in der Gemeinschaft und Erkenntnis Gottes
durch Jesum Christum schon hier ewiges Leben hat!